"互联网+"思维模式下的
大学英语教学模式创新与突破

渠红丽 著

吉林出版集团股份有限公司
全国百佳图书出版单位

图书在版编目（CIP）数据

"互联网+"思维模式下的大学英语教学模式创新与突破 / 渠红丽著. -- 长春 : 吉林出版集团股份有限公司, 2023.5

ISBN 978-7-5731-3565-0

Ⅰ.①互… Ⅱ.①渠… Ⅲ.①英语—教学模式—教学研究—高等学校 Ⅳ.①H319.3

中国国家版本馆CIP数据核字(2023)第104717号

"互联网+"思维模式下的大学英语教学模式创新与突破
"HULIANWANG+" SIWEI MOSHI XIADE DAXUE YINGYU JIAOXUE MOSHI CHUANGXIN YU TUPO

著　　者	渠红丽
责任编辑	蔡大东
封面设计	王　哲
开　　本	710毫米×1000毫米　1/16
字　　数	202千字
印　　张	12
定　　价	72.00元
版　　次	2024年1月第1版
印　　次	2024年1月第1次印刷
印　　刷	北京厚诚则铭印刷科技有限公司

出　　版	吉林出版集团股份有限公司
发　　行	吉林出版集团股份有限公司
地　　址	吉林省长春市福祉大路5788号
邮　　编	130000
电　　话	0431-81629968
邮　　箱	11915286@qq.com
书　　号	ISBN 978-7-5731-3565-0

版权所有　　翻印必究

前　言

目前，我国正处于现代化转型阶段，教育要从过去的"追求成绩和统一"转型为"追求质量和个性"，这种现实问题的解决需要新思路，以互联网为代表的新一代信息技术在教育领域的跨界融合，既可以实现传统教育所关注的规模，又可以实现优质教育所关注的个性化，从而解决教育中"规模和质量"无法同时兼顾的矛盾。"互联网+教育"的跨界融合，将对课程、教学、学习、评价、教师发展等教育主流业务产生系统性影响。同样，互联网技术在外语教学领域的应用也推动了大学英语教学的发展。综观英语教学的发展历史，每一种教学理论、教学流派在教学中的实践都与技术相关。具体而言，互联网技术的每一次飞跃都深刻地影响和改变着英语教学；另外，语言本质理论、语言学习理论、教育学理论等又为互联网与大学英语教学的结合提供了理论指导。教育互联网的发展也使英语学习者正在形成一种新的认知空间和心理空间。

基于此，笔者撰写了《"互联网+"思维模式下的大学英语教学模式创新与突破》一书，在内容编排上共设置六章，分别为："互联网+"思维模式下大学英语教学的理论认知、"互联网+"思维模式下大学英语教学模式的构建、"互联网+"思维模式下大学英语教学的学习策略、"互联网+"思维模式下大学英语教学的具体内容、"互联网+"思维模式下大学英语教师的专业培养、"互联网+"思维模式下大学英语教学的评价体系。

本书基于"互联网+"的大背景，对大学英语教学体系进行思考和重建。在论述上，以语言本质理论、语言学习理论、教育相关理论为基础，从实用角度出发，并结合当前大学英语教学的特点，探究如何利用互联网技术服务于大学英语教学。在内容上，本书做到了理论与实践的结合，内容翔实，有理有据，容易被读者接受，所提出的教学方法与提升技巧具有可行性，对于读者而言具有重要的学习价值。

本书在撰写的过程中参阅了大量有关"互联网+"与大学英语教学的书籍和期刊,同时为了保证论述的全面性与合理性,本书也引用了许多专家、学者的观点。在此,谨向以上相关作者表示最诚挚的谢意,并将相关参考文献列于书后,如有遗漏,敬请谅解。由于作者水平有限,加之时间仓促,书中难免存在疏漏之处,恳请广大读者不吝指正。

目 录

第一章　"互联网+"思维模式下大学英语教学的理论认知 ………… 1
　　第一节　"互联网+"的发展、特点与具体优势 …………… 1
　　第二节　大学英语教学的理论审视与维度分析 …………… 5
　　第三节　"互联网+"思维模式与大学英语教学的结合 …… 31

第二章　"互联网+"思维模式下大学英语教学模式的构建 ……… 37
　　第一节　"互联网+"思维下大学英语慕课教学模式构建 … 37
　　第二节　"互联网+"思维下大学英语微课教学模式构建 … 49
　　第三节　"互联网+"思维下大学英语翻转课堂教学模式 … 54
　　第四节　"互联网+"思维下大学英语的混合式教学模式 … 57

第三章　"互联网+"思维模式下大学英语教学的学习策略 ……… 63
　　第一节　"互联网+"思维模式下大学英语教学的自主学习 … 63
　　第二节　"互联网+"思维模式下大学英语教学的体验学习 … 66
　　第三节　"互联网+"思维模式下大学英语教学的合作学习 … 68

第四章　"互联网+"思维模式下大学英语教学的具体内容 ……… 71
　　第一节　"互联网+"思维模式下的大学英语听力教学 …… 71
　　第二节　"互联网+"思维模式下的大学英语口语教学 …… 74
　　第三节　"互联网+"思维模式下的大学英语阅读教学 …… 79
　　第四节　"互联网+"思维模式下的大学英语写作教学 …… 81
　　第五节　"互联网+"思维模式下的大学英语翻译教学 …… 84

第五章 "互联网+"思维模式下大学英语教师的专业培养…………133
　第一节 "互联网+"思维模式下英语教师核心要素发展………133
　第二节 "互联网+"思维模式下英语教师专业能力发展………148
　第三节 "互联网+"思维模式下英语教师专业发展策略………159
　第四节 "互联网+"思维模式下英语教师媒介素养提升………161

第六章 "互联网+"思维模式下大学英语教学的评价体系…………167
　第一节 "互联网+"思维模式下大学英语教学评价体系………167
　第二节 "互联网+"思维模式下大学英语教学评价方法………177
　第三节 "互联网+"思维模式下大学英语教学评价构建………179
　第四节 "互联网+"思维模式下大学英语教学评价实践………181

参考文献……………………………………………………………183

第一章 "互联网+"思维模式下大学英语教学的理论认知

大学英语教学是学生与社会接轨的最重要环节,基于该学科的重要作用,应该明确在"互联网+"时代下大学英语学习的目标,在明确的教学目标指导下对课程进行个性化的设计,把技能型的人才培养逐步转为复合型的人才。基于此,本章重点围绕"互联网+"的发展、特点与具体优势;大学英语教学的理论与维度;"互联网+"思维模式与大学英语教学的结合进行论述。

第一节 "互联网+"的发展、特点与具体优势

"互联网+"是互联网技术的扩散与渗透,其本质就是对信息资源的开发及实现互联互通,目的是促进人类社会的融合,实现互联网经济。

一、"互联网+"的发展

众所周知,互联网是信息技术的成果,如同第一次科技革命时的蒸汽机、第二次科技革命时的电力一样,互联网对人类的生产、生活产生了重要影响。当我国提出制订"互联网+"计划之后,关于"互联网+"的一些新观点也层出不穷,并在各个领域得以运用。

"互联网+"的提出有着深刻的背景,以云计算、移动互联网、物联网、大数据作为标志的新一代信息技术的经济社会生活渗透率也逐年增加,且在深度和广度上都有所延伸,加快了生产方式、资源配置方式的变革。经济模式的深刻改变导致世界进入了以信息产业为主的发展时代。

16世纪以来,人类经历了四次科技革命,即蒸汽机革命、电气革命、原

子革命、计算机革命,它们推动了世界向机械化、电气化以及信息化的方向发展。当前,大数据、云计算、智能化制造(如3D打印)、物联网等的出现对世界经济产生了重要影响,这就导致了第五次技术革命的发展,使人类进入了互联网时期。当然,第六次技术革命的发展方向就是以新生命、大化学、大成智慧等为标志的科学。

"互联网+"是依托移动互联网、云计算、大数据、物联网等信息网络技术的渗透和扩散,以信息的互联互通和信息能源的开发利用为核心,促进信息网络技术与传统产业的深度融合,优化重组设计、生产、流通、消费全过程,创新生产方式和企业组织形式,推动传统产业转型升级和经济发展方式转变,进入互联网经济这种新型经济社会形态的历史过程。

二、"互联网+"的特点

(一)教学手段的灵活性特点

互联网技术辅助的英语教学使其变得更直观、便利、灵活和有效。一般而言,英语教学中常用的教育技术有电声技术、光学技术、语言实验室技术、影视技术、网络技术、计算机技术等。幻灯片、投影灯在英语教学中的运用有助于教师呈现文字、图像等信息,对解说重点与难点、看图说话等有着重要作用。广播、录音等技术是英语教学中应用最早且最广泛的技术,它们成为听力与口语教学和训练的必备条件。电影、电视等技术的发展不仅提升了学习者英语学习的兴趣和积极性,也为学习者生动地展现了语言学习的文化背景等。可见,教学手段更灵活。

(二)教学模式的多元化特点

互联网技术辅助的英语教学的教学模式更加多元化,不断激发了学习者的学习兴趣。在传统的教学模式中,不同班级之间,甚至同一班级内的学习者之间总会出现两极分化情况。通过运用互联网手段,教师可以根据学习者的自身情况、个体差异来选择教学内容、教学手段,从不同学习者的思维方式和个性特点出发,进行个别化教学。这种教学模式不会受到时间、空间的限制,教师可以随时给学生提供学习的机会和内容,让不同水平的学生运用适合自己的学习方式展开英语学习。互联网应用于英语教学可以不断提高学习者的学习成功率。这是因为,在这一环境中,互联网扮演了教师的角色,学生的压力减轻了,从而敢于尝试、敢于学习,提高了学习者学习的成功率。

第一章 "互联网+"思维模式下大学英语教学的理论认知

(三)网络环境的真实性特点

"'互联网+'英语教学"的环境更具有真实性。英语学习本身是一个实践性很强的学习活动,如果离开了实践活动,那么学习英语就会非常困难。很多学者也指出,二语习得需要让学习者尽可能地接触目的语,让其沉浸在目的语的氛围中感知目的语,从而有助于其更好地学习和运用语言。因此,通过互联网技术,可以更好地呈现真实的教学内容,其将文字、声音、图像等结合在一起,便于学习者对语言的理解和掌握。

(四)学习信息的选择性特点

在传统教学中,教师经验占据重要地位,教材、参考书等作为参考资源,学习者并没有更大的选择空间。但是,自由选择是学习者进行自主学习的关键和前提。在互联网环境下,学习者不能被那些有限的信息源牵制,需要在广泛的互联网信息源中寻找丰富的学习资料。在互联网资源中,学习者可以根据自身情况设计、安排学习,从而使自己成为学习的主体。在互联网学习中,学生能够从信息的接收、表达与传播的集合中,获取一种成就感,进而激发自己的自主性和学习积极性。

(五)教学管理的便利性特点

当前,全国很多高等院校在不断扩大规模,因此需要投入大量人力、物力、资金等建立语言实验室。但是,这仍然不能满足学习者的需要。互联网应用于英语教学,能够使任何一台电脑与学校的网络建立联系,从而实现与学校资源的共享。事实上,这跨越了时间、空间的限制,使学习者能够随时随地学习英语,也满足了学习者的学习需求,减少了资源的浪费。因此,学校对于教师和学习者的管理也就更加便利了。此外,在进行教学管理时,教师也需要发挥作用。教师可以将自己的优秀教案传到网上,让学习者进行选择阅读和使用。同时,教师也可以进行在线点播,将真实的授课内容分配给各个站点,让更多学习者受益。事实上,这缓解了教师短缺的情况,也便于教师对大班学生的管理。

(六)学习任务的协作性特点

"'互联网+'英语教学"还体现了学习任务的协作性。协作学习有助于提升学习者的学习效率,协作学习要比个别化学习、课堂讲授有更大的优势。协作学习的实质是让一些学习者合作完成某项任务,如果在任务中遇到问题,可以协作解决，学习者在对知识的建构中不断与同伴协调、沟通与合作，从而共同完成学习任务，也共同承担最后的结果。通过协作学习，学习者对知识会产生更深层次的认知，并逐渐构筑成符合自己的学习方式。

（七）学习过程的互动性特点

"'互联网+'英语教学"在学习过程中具有互动性。所谓互动性，是指将人的活动作为一种媒介传播信息，使信息的发出者和接收者都可以参与其中，且参与方都可以编辑、控制、传递信息。互动性有助于学习者在获取信息以及使用信息时都能发挥学习者的主观能动作用，增加学习者对信息的注意与理解。这比传统的英语教学要更有效，因为传统的英语教学以教师为中心，属于单向的知识辐射，因此，单位时间内传输的知识有限并且教学具有很大挑战性。

在互联网教学环境下，教师可以对语言学习顺序进行人为的变更，随机更改操练的句型，从而更好地实现因材施教。同时，学习者也可以进行主动检索，查询自己感兴趣的内容和知识，而不像传统英语学习中只能被动地接受知识。

三、"互联网+"的优势

"互联网+"就是"互联网+各个传统行业"，但这并不是简单的两者相加，而是利用信息通信技术以及互联网平台，让互联网与传统行业进行深度融合，创造新的发展生态，其具有六大特点。

第一，跨界融合。"+"就是跨界，就是变革，就是开放，就是重塑融合。敢于跨界了，创新的基础就更坚实；融合协同了，群体智能才会实现。融合本身也指代身份的融合，客户消费转化为投资，伙伴参与创新等，不一而足。

第二，创新驱动。粗放的资源驱动型增长方式早就难以为继，必须转变到创新驱动发展这条正确的道路上来。这正是互联网的特质，用互联网思维来求变、自我革命，也更能发挥创新的力量。

第三，重塑结构。"信息革命、全球化、互联网业已打破了原有的社会结构、经济结构、地缘结构、文化结构。权力、议事规则、话语权不断在发生变化。"[①] "互联网+"社会治理、虚拟社会治理会有很大的不同。

---

① 黄燕鸥. "互联网+"背景下大学英语教学体系的反思与重建[M]. 成都：电子科技大学出版社，2018：23.

第四，尊重人性。人性的光辉是推动科技进步、经济增长、社会进步、文化繁荣的最根本的力量。

第五，开放生态。关于"互联网+"，生态是非常重要的特征，而生态的本身就是开放的。我们推进"互联网+"，其中一个重要的方向就是要把过去制约创新的环节化解掉，把孤岛式创新连接起来，让研发由人性决定的市场驱动，让创业者有机会实现自我价值。

第六，连接一切。连接是有层次的，可连接性是有差异的，连接的价值相差很大，但是连接一切是"互联网+"的目标。

第二节 大学英语教学的理论审视与维度分析

一、大学英语教学的目标

（一）英语教学目标的设定

英语是一门语言学科，是用来交流的工具，听、读、写三种能力是英语教学之中的主要形式。高校英语教学的目的，应该是使学生能够在未来的工作岗位上熟练使用这门语言。随着教育改革的发展，高校英语教学的目标逐渐变为以实用为主，应用为目的，为培养生产、技术、服务、管理等方面的人才，应将英语纳入语言应用的范畴。在英语教学过程中，学生应该有意识地运用英语交流，多用方能自如，通过连续的套用模拟，让学生在模拟—运用—拓展中找到语感，以后在相似的环境下即可自由切换，先找到语感，再完善细节，能够增强学生的自信心。

（二）实现教学目标的原则

高校英语教学的基本原则需要包含语言学科的特点，还要符合学生学习的心理特征，掌握英语教学的具体原则，可以更好地实现英语教学目标，教学质量得到较高的保证。

1. 以人为本的原则

在教育过程中，学生是教学过程的主体，这样的观念可被称为教育中的以人为本观念，或者可被称为以学生为中心原则。以学生为中心原则就是在教学的过程中以学生为主，根据每一个学生的不同情况制订不同的教学计划。学生的不同情况：学生的学习目标、学生的学习习惯、学生的学习兴趣、学生的学习困难等。因此，教师在制订学习计划的时候不能统一制订一个，而是要根据不同学生制订不同计划。教师这么做的目的也是为了让学生克服学习的畏难情绪，积极学习知识，从而形成良性循环。在这样教学环境中的学生，可以顺从自己的学习方式，以自我为学习的中心，投入最大限度的精力和热情，更加积极主动地学习。

2. 兴趣性教学的原则

在英语教学过程中，只有兴趣是可以让学生高效率学习的内驱力。学生对未知的领域天然抱有一种好奇心，教师应该充分利用他们的好奇心，引导他们以积极的态度探索英语学习领域，激发学生对于英语学习的兴趣。高校英语教学还应注重兴趣领域的影响原则，在学生感兴趣的情况下，充分调动学生的情感因素，让他们能够主动学习英语，热爱英语学习氛围。以兴趣原则为指导的英语教学活动，可以从以下方面入手。

（1）充分了解学生的特点。教师应充分了解学生的特点，每个学生的性格都是不尽相同的，因为各个学习因素的差别，每个学生的个人特点也就不一样。根据每个学生的不同制订不一样的教学计划，在尊重学生的基础上，让学生自己对英语学习产生兴趣。学生感受到了学习的乐趣之后，对学习的热情就会高涨，主动学习成为学生的学习状态，学习的效率才会提升。

（2）改变教学方式和评价方式。在高校英语教学方式进行改革之后，高校英语的学习更多的是使学生掌握英语技能，了解英语语言的内在逻辑，从而为未来的语言交流奠定基础。

（3）对教材进行深度挖掘。教材在教学中发挥着重要作用，教师和学生在课堂上都会以教材为基准，进行英语学习的推进。教师对于教材，应该在课前就摸透，对于教材中的难点、重点加以把握，还要尽量规避教材中枯燥的地方，以学生感兴趣的点作为讲解切入点，引起学生学习兴趣。

二、大学英语教学的原则

"英语教育应坚持实施多元化的教学策略，构建具有人文特色的文化教育体系，只有在英语教育中有意识地引入科学的文化评价机制，重视多元文化的发展，保持自身的文化独立性，才能真正建设一系列高标准的高校英语课程。"[①] 高校英语教学原则主要包含以下方面。

(一) 交际性原则

语言是交际的工具，人们主要通过语言来交流思想、传递信息。交际是在特定语境中说话者和听话者、作者和读者之间的意义转换。由此可以得出以下启示：①交际包括口语和书面语两种交际形式；②交际总是发生在一定的语境之中；③交际需要两个以上的人参与并产生互动。学习英语的首要目的就是使用英语进行交际，而英语教学的首要目标就在于培养学生的交际能力。交际能力的核心就是能够运用所学的语言知识在不同的场合下与不同的对象进行有效的、得体的交际。因此，教师在英语教学中要贯彻交际性的原则，使学生能用所学的英语与人交流，要在教学过程中努力做到以下方面。

1. 充分认识英语课程的性质

英语课是一种技能培养型的课程，要把语言作为一种交际的工具来教、来学、来使用，而不是把教会学生一套语法规则和零碎的词语用法作为语言教学的最终目标，要使学生能用所学的语言与人交流，获取信息。在教学过程中，教、学、用三个方面构成一个有机的相辅相成的统一体，其核心在于使用。因此，教师转变以往陈旧的教学观念，认清课程的性质，是落实交际性原则首先需要解决的问题。

2. 注意培养学生语言使用的得体性

英语教学的首要目标在于培养学生进行有效交际的能力，根据交际性原则，学生要具备良好的交际能力，需要能够在适当的时间、适当的地点，以适当的方式向适当的人讲适当的话，创设情境，开展多样的交际活动，课堂游戏、讲故事、猜谜语、编对话、角色扮演、话剧表演、专题讨论或者辩论等，都有助于学生在创设的情境中充分表现自己，从而掌握地道的语言。

3. 精讲多练

英语课堂的工作有讲和练两种，讲是指讲授语言知识，练是进行语言训练。在课堂上，适当地讲授一些语言知识是必要的，可以提高学习的效果。英语是一种技能，技能只有通过实际训练才能获得。因此，教师必须清楚，

[①] 陈思孜. 多元文化视域下高校英语教学理论与有效方法研究[J]. 科教导刊-电子版(上旬), 2021 (3) : 233.

讲解的目的在于帮助学生更好地训练。在语言训练的过程中要针对学生的具体问题给以"画龙点睛"式的点拨，这不仅有利于学生语言交际能力的培养，还有助于学生养成良好的学习与思维习惯。在进行了必要的讲解之后，要给学生留出足够的训练时间。

（二）输入与输出原则

输入是学生通过听和读接触英语语言材料，输出是学生通过说和写进行表达。一方面，在人们学习英语的过程中，能理解的总是比能表达的要多；另一方面，语言输入的量越大，语言输出的能力就越强。有效的语言输入应具备以下方面的特点：①可理解性。如果学生不能理解所输入的语言，那么这些输入无异于噪声，是不能被接受的。②趣味性或恰当性。所输入的语言材料还要使学习者感兴趣。要使学生对语言输入感兴趣，最好使他们意识不到自己是在学英语，把其注意力放在意义上。③足够的输入量。要习得一个新句型需要数小时的泛读以及许多的讨论才能完成。教师在教学过程中应该注意以下方面。

第一，尽可能多地让学生接触英语。要通过视、听和读等手段，多给学生可理解的语言输入，如声像材料的示范和贴近学生日常生活和学习、适合学生的英语水平、具有时代特色的读物等，教师应该打破课内外的界限，帮助学生扩大语言接触面。

第二，输入内容和输入形式的多样化。学生接触的英语既要有声的、又要有图像的，还要有文字的，而且语言的题材和体裁以及内容要广泛，来源多样化。教师要注意根据上述语言输入的分类，尽可能地为学生提供多种形式的输入。

三、大学英语教学包含的因素

（一）教师因素

教师在英语课堂上一般会充当两种角色：一种是英语课堂的掌控者；另一种是学生英语学习活动的引导者。有效开展英语教学活动，需要教师先拥有纯正的英语发音，英语发音对于英语学习而言是至关重要的。英语教学是教师与学生共同参与的活动，学生理应在这一活动中彰显自己的作用，所以在课堂上教师应给予学生更多的自由时间，让他们去探究。英语教师必须发挥自己的主导作用，积极为学生提供一个良好的英语学习环境。教师可以整合不同的教学方法，在结合自己教学经验的基础上，探索更加适合学生学习需求的教学方法，学生就能在自己喜欢的课堂氛围中学习英语，也能极大地激发其学习英语的积极性。

英语教师的语言运用方式也能对英语教学产生影响，为了配合学生的学习理解能力，教师在教学过程中可以根据教学情况适当降低语速，适当地重复一些话语。英语教学的过程同时也是一个在不断反馈中获得优化的过程，在这一过程中，不仅包括学生对教师教学的反馈，也包括教师对学生学习的反馈，教师利用各种测试对学生的学习情况进行掌握，根据测试的结果了解学生的学习能力，并最后将学生在某些知识点上存在的问题反馈给学生。学生接到反馈之后就能了解自己的学习不足，进而在后续学习中不断改进，最终提升自己的学习质量与效率。

（二）学生因素

1. 学生的角色类型

在英语教学过程中，学生的作用非常突出，教学的核心是学生的学习方式，教学的目的是促进学生的全面、终身发展，教学的方法是以学生为本，等等，这些都充分反映了学生在教学中的参与。认识英语教学是不能忽视学生在其中所扮演的角色的。学生的角色主要有以下几种：

（1）主人。学习活动是一种知觉的活动，教师在其中只是起到引导与促进作用，学生才是学习的主体，其主动的学习才是提升其学习能力的关键。学生将自己当作学习的主人，自觉安排自己的学习计划，制定自己的学习目标，寻找适合自己的学习方法，形成良好的学习习惯，这些都能帮助学生最终建立起属于自己的知识结构体系。

（2）参与者。教学是教师与学生双向互动的过程，学生也应该是教学的主要参与者，因此在教学过程中，教师要注意提升学生的学习兴趣，激发其积极性，让其可以更加主动地参与到英语教学中来，积极给教师提供教学意见。

（3）合作者。英语学习活动不一定是学生一个人的独角戏，它可以是一群人的群体行为。因此，在个人学习活动之外还有小组学习活动。在学习小组中，当学生遇到不懂的问题时，其他同伴就可以为其解答，更重要的是，在共同探究问题的过程中，学生还能开阔自己的学习视野，学到不同的学习方法。

（4）反馈者。教学是一种反馈的活动，教师将知识传授给学生，学生根据自己的理解、消化情况向教师进行反馈，以便教师可以优化教学计划、目标，增强英语教学活动的开展效果。

2. 学生的个体差异

对于教育而言，其最根本的目的就是培养人，培养全面发展、终身发展的人，这就要求教育者要对学生情况有全面的掌握，既了解学生的生理、心理发展规律，又清楚不同学生之间的差异。每个学生都是独立的个体，他们在学习活动中所表现的特征都是不一样的，其学习动机、性格等都会影响其学习的效果。因此，教师应根据学生的个体差异开展教学，这样英语教学的有效性才能尽早实现。学生存在的主要个体差异如下：

（1）不同的学习潜能。英语学习认知系统内涵丰富，学习潜能是其重要组成部分，展现的是受教育者的能力程度。而对于英语学习而言，则是指学生是否具备学习英语的天赋。通常而言，教师在开展英语教学活动时需要了解学生的英语水平，而学生的学习潜能则可以很好地将这种水平展现出来。

学生在英语学习上的潜能主要表现在四个方面：①是否具有对英语语音进行编码与解码的能力；②在对英语基础知识学习完毕之后是否具有归纳的能力；③英语学习中充满大量的英语语法学习，是否具有对英语语法习得敏感性；④英语词汇是有规律可循的，是否具备通过联想进行词汇记忆的能力。每个学生的学习潜能也是不同的，因此，在实际的教学中，教师应考虑每一个学生的实际情况，这样才能将学生的最大潜能激发出来。

（2）不同的智力水平。智力也是认知系统的一部分，不过，它是一个综合体，将观察力、想象力、记忆力与逻辑思维能力进行整合，该能力是能够外显出来的，拥有高智力的人往往能快速识得问题、解决问题。学生在智力水平上的差异，也会在一定程度上影响英语教学。因此，教师不能忽视智力对教学的影响，要对每一个学生的智力水平清楚地掌握，这样，其在制定教学目标、方法与策略时就能更加灵活、科学。学生也应该对自己的智力情况有所了解，在清楚自身智力情况的前提下，学生可以选择更加适合自己的学习方法，从而实现学习效果的最大化。

（3）不同的学习风格。学习风格的形成不仅是个人经验影响的结果，客观环境也能对学生学习风格的形成，换言之，在一定的条件之下，学生的学习风格是可变的，不过，根据不同的标准，学习风格可以有以下分类。

第一，按照感知方式分。在具体的学习过程中，学生肯定会运用一些感知方式，而由于学生个体在很多方面都存在差异，因此，他们在感知偏好上也差异显著。基于此，可以按照学生感知方式的不同对学习风格进行分类，可将其分为三类，分别为听觉型、视觉型及动觉型。

第二，按照认知方式分。人们在学习过程中总会涉及一些新信息与新经验，而对这些内容进行分析、组织与整理的方式就是认知方式。每个学生在学习过程中所展现的认知方式与思维方式是不同的，所以，根据学生的认知方式的不同对学习风格进行划分，可将其划分为：场依赖型与场独立型、整体型与细节型、左脑主导型与右脑主导型。以学习者对自身情况是否依赖划分为场依赖型与场独立型。

（4）不同的学习动机。从本质上而言，学习动机是学生在学习过程中所产生的一种心理状态，它能激励学生掌握科学的学习方法，向着自己目标前进。根据学生学习动机的不同对学习风格进行划分，可将其划分为深层动机与表层动机、内在动机与外在动机。

第一，深层动机与表层动机。根据的刺激—反应理论，可将学习动机划分为两大类：第一类为深层动机，是一种学生为了追求自己的非物质层面的需要而产生的动力，这方面的需要不仅包括兴趣需要，而且包括丰富知识体系的需要；第二类为表层动机，是一种学生为了追求表面物质需要而产生的动力，这种需要主要表现为高报酬、好职位等。

学习动机与学习目标的关系是极为密切的，动机发生变化，目标往往也会发生变化。对于英语学习而言，那些具有深层英语学习动机的学生不仅要求自己可以扎实掌握英语基础理论知识，而且还要求自己能够具备较高的英语应用能力，很明显，他们对自己的英语有着非常高的要求，在学习英语的过程中总是充满着热情。

第二，内在动机与外在动机。根据动机的来源不同，可将学习动机分为两大类：第一类为内在动机，英语学习者从自身激发出来的对学习的兴趣，该动机不仅保持学习的可持续性，而且还能保持学习的独立性；第二类为外在动机，在外在条件的影响下，学生不得不进行学习活动，有时甚至可能会让学生失去学习的兴趣。

在学生学习英语的过程中，动机会对学生产生不小的影响。通常情况下，具有内在动机的学生不会因客观条件的影响而放弃英语学习，这主要是由两方面的原因导致的，一方面是因为他们学习英语是从兴趣出发的，具有自发性；另一方面是因为他们对英语学习的态度是诚恳的、积极的。具有外在学习动机的学生会受到客观条件的影响，他们的英语学习活动是被动的，这让其无法感受到学习英语的兴趣，长此以往，他们可能会丧失学习英语的热情。

学习动机与学生英语学习效果呈正比关系。如果学生的学习动机特别强烈，那么往往会有着明确的英语学习目标，在学习过程中，他们会向着这一目标努力奋进，会积极投入到英语学习中，最后其也能获得很好的学习成果。而那些学习动机比较弱的学生，他们始终无法确立坚定的英语学习观念与目标。因此，他们在英语学习上往往没有太大的积极性，最终也就无法获得较好的学习成果。

（三）环境因素

英语教学系统还包括环境要素，环境也能对英语教学产生影响，这种环境主要指的是社会环境与学校环境。

第一，社会环境因素。社会环境对英语教学的影响不小，社会经济发展水平可以影响英语教学，科学技术发展水平、社会群体等也能对英语教学产生影响。此外，社会对英语人才的需求程度更是决定了高校培养英语人才的思路与计划。社会环境因素对英语教学所产生的作用主要是一种导向作用，引导着英语教学向着能够促进社会发展与进步的方向发展。

第二，学校环境因素。学校环境不仅包括教室、教具等，而且还包括只能感知的校风班风与人际关系等，可见，学校环境的内涵是极为丰富的，教师在开展教学活动时也应该考虑学校环境的因素，为学生营造良好的英语学习氛围，增加与学生之间的互动，加强情感关联。

（四）内容因素

为了实现预先制定的教学目标，就需要设置恰当的教学内容，一般而言，教学内容体系丰富，不仅包括大家普遍熟悉的知识、思想、概念以及原理等，而且还包括技能、问题以及行为习惯等。于教师而言，在开展教学活动的过程中，教师必须要有一定的依凭，而教学内容就是这一重要依据。于学生而言，在开展学习活动的过程中，学生也需要有一定的学习对象，而教学内容就是学生需要理解与掌握的对象。

教学内容对于教学活动的有效开展是非常重要的。当教学内容确定下来后，教师才能制订教学计划，确定教学方法与策略，根据教学内容因材施教，这样才能培养出高质量的英语人才。因此，教学内容对英语教学也能产生影响，且这种影响的范围还非常广。英语教学内容非常丰富，主要包括以下方面。

第一，语言知识。语言知识是学生学习的基础性内容，同时也是学生进行英语语言应用的前提，如果学生没有掌握扎实的英语知识，就无法具有较强的应用能力。

第二，语言技能。通常而言，学生在学习英语过程中必须具备四项最为基本的技能，就是大家熟悉的听说读写技能，同时，这四项技能也是学生进行英语实践活动的基础与手段。

第三，学习策略。为了促进学生更好地学习，通常教师会依据教学内容实施不同的教学策略。而对于学生而言，为了让自己能获得不错的英语学习效果，他们也会在学习过程中使用学习策略。学习策略的选择至关重要，合理的、正确的学习策略不仅能提高学生学习英语的质量与效率，更重要的是，还能让学生养成自主学习的好习惯。因此，在教学过程中，教师要帮助学生确立适合自己的学习策略。

第四，文化意识。英语教学不仅包括英语语言教学，还包括文化教学，学生接触与掌握英语国家的文化，可以帮助其了解不同国家的特色文化，更好地进行英语学习。因此，教师在教授英语语言知识之外，还要向学生传递文化知识，让学生了解文化之于语言的重要性。

第五，情感态度。学生的学习活动同时也会受到其情感态度的影响，这就要求英语教师在教学过程中要时刻关注学生的情感动态，当学生情感出现波动时，教师要及时关怀学生，给予学生安慰，让其明白英语学习与其他学习一样，都是不容易的，学好英语良好的心态非常重要，这样就帮助学生培养出了积极的情感态度。教师还要注意激发学生学习英语的兴趣，只有学生形成英语学习的兴趣，才能将在英语学习过程中将这种兴趣转变为动机，在动机的驱使下，学生就能逐步树立学习英语的信心，即使面临困难，学生也会迎难而上。

四、大学英语教学的过程

在英语教学过程中，需要遵循以下原则。

（一）关注教学过程的兴趣性

兴趣在英语教学中发挥着至关重要的作用。因此，教师应意识到兴趣的重要性，在教学中多借鉴其他优秀的教学方法唤醒学生的情感，激发学生英语学习的积极性，这样，学生就能更加自觉地进行英语学习。调动学生的兴趣可以通过以下方法实现。

1. 深度挖掘教材

教材依然是教师开展教学活动的主要辅助性工具，教材中涉及丰富的、系统的知识，教师在备课过程中，需要将教材中可以引起学生兴趣的内容挖掘出来，这样学生在学习时就能感受到无限乐趣，也就更加愿意学习。例如，教师可以为学生创设英语教学情境，将师生在日常生活中的问候对话搬到课堂上，使英语教学变得日常化，这些简单的、熟悉的对话能让学生产生共鸣，用英语表述时也会相对容易一些。正是在熟悉的场景中开展英语对话，学生才能放松心态，其英语应用能力才会有所提高。

2. 尊重学生主体

教师必须认清教育的本质，了解教育是一种主动的过程，同时教师也应该放下自己所谓的固有姿态，认识到这样一个事实，那就是英语课堂的主体是学生，只有学生主动地、自觉地进行英语学习，英语教学才能取得不错的效果，而学生的英语学习能力才能有所提高。基于此，英语教师要在总结学生生理与心理特点的基础上，在剖析与遵循英语学习规律的前提下，采用多样的教学方法激发学生的兴趣，让学生主动学习，主动参与英语实践互动。

（二）明确教学过程的系统性

英语教学本身就是一个复杂的系统，包含非常多的内容。因此，在教学过程中，教师要明白英语教学过程不是一蹴而就的，它需要循序渐进，只有从整体出发，在把握系统性原则的基础上，才能够保证英语教学的有序性。而要遵循系统性，教师就需要做到以下方面。

1. 系统安排学生学习

学习活动虽然琐碎，但是若从宏观上而言，可以发现，任何学习活动到最后都具有一定的系统性。因此，教师要帮助学生进行连贯的学习，让学生可以从系统的角度构建自己的英语知识结构体系。因为学生的学习意识与学习习惯养成并不容易，这就需要教师一定要有恒心，不仅在课上要时刻对学生的学习做出合理的安排，而且在课下也能对学生的学习做出恰当的安排。

2. 系统安排教学内容

英语教学内容的安排不是随意进行的，需要教师按计划进行。教材的编排从一开始就确立了其系统性，编排者在总结教学规律与学生学习规律的前提下编排教材，为教师与学生提供了一个鲜明的结构层次。换言之，教师根据目录结构编排内容，本身就遵循了一定的教学规律。在英语教学过程中，教师对于生词和新的语法的教学，要逐步进行，由浅入深，教学内容的安排需要以教学的系统为指导，内容安排才会更加科学、合理。

（三）教学过程的灵活多样

1. 教学模式灵活多样

多媒体教学、翻转课堂教学、移动课堂教学等新的教学模式不断涌现，让英语课堂变得灵活多样。基于信息技术的教学模式在一定程度上拓展了英语教学的空间，教师借助互联网可以搜集到更多的教学资源。同时，这种教学模式还极大地改善了学生的学习情况，不仅丰富了学生的学习内容，最重要的是，还为学生提供了更加多样的学习形式。在互联网的支持下，学生的学习活动相对变得比较容易，教师利用互联网下载文字、音频、视频等资源，为学生营造一个多样的学习环境，通过对学生进行多感官刺激，让其找到自己喜欢的教学方法，从而可以调动其英语学习的热情。在新的教学模式下，学生在学习活动中的角色也发生了明显的变化，学生不仅是自身学习任务的设计者，而且也是学习活动的合作者与评估者。

2. 教学评价灵活多样

英语教学的评价要倡导多元评价，可以不同的评价方式进行整合，以实现评价的最优化。例如，可以将形成性评价与终结性评价结合起来。评价也应该有所侧重，要将文化知识及应用等相关内容纳入评价对象体系中来。需要注意的是，评价应该是从多个层面展开的，教师不是评价的唯一主体，学生也要参与评价，可以是对自我的评价，也可以是同伴之间的评价。学生之间的互评不仅能让学生通过他人角度了解自己的学习情况，而且还能加强彼此之间的联系，维护关系的和谐，多种多样的评价方式可以让学生置身自由、和谐的学习氛围中。

考核形式也不应固定、单一，可以用开卷考试与闭卷考试结合起来的方式，也可以采取将笔试与面试结合起来的方式，相对而言，面试可能要增加符合英语的特点，教师与学生可以面对面直接交流，但在实际评价过程中，这种方式很少为教师使用。在具体运用何种评价方式进行评价时，教师要灵活选择，可以让学生进行个人阐述，也可以让其采取小组讨论的形式，或者可以采取答辩的方式，但无论使用任何一种方式，教师都要从学生的实际情况出发，在了解学生学习情况与个人特点的基础上选择合适的评价方式,以保证评价的科学性、合理性。

五、大学英语的教学维度

(一)英语教学的生态维度

1. 英语教学的生态系统

高校英语生态教学是一个完整系统,从属于教育生态系统,由一定教育环境的相关要素组成,这些要素可以分别归结为自然环境社会环境和规范环境。教育生态系统以人的活动为生态环境主体,按照人的理想建立一套相应的系统要素。教育生态系统特点:社会性,即受人类社会作用和影响;易变性,即不稳定性,容易受到各种环境因子影响,并随人类活动而发生变化,自我调节能力相对较弱;目的性,系统运行的目的除了维持自身平衡外,还需要满足人的需要。教育生态系统的运行,既遵循自然生态系统的某些规律,也遵循社会系统的某些规律。

"教育生态学是将生态系统内在机理映射到教育领域,并针对二者的相互作用和联系性开展深入研究的新兴学科。"[1] 从教育生态学而言,教育生态系统是由生态主体和生态环境构成的有机整体。教育的生态主体主要指学生和教师,教育的生态环境指对教育活动发生作用和影响的环境体系。

教育生态环境包括三个层次,实际上也是教育生态系统的三个层次:①围绕教育的综合自然环境、社会环境和规范环境所组成的单个或复合的系统,如整个教育工作教育事业;②以单个学校或某一教育层次的某一教学单位为中心,构成、反映其内部相互关系的系统;③围绕学生个体发展而形成的外部环境,即由自然、社会和精神因素组成的系统,如学校自然环境、教育政策、教学活动、教师学生生理心理条件等,高校英语教学生态系统处于第三个层次。

(1)大学英语的生态系统构成要素。大学英语教学生态系统是围绕高校英语教学活动而构建具有生态特性的教学系统,由教学主体(学生、教师等)及其相应的教学环境组成。该系统有其特定结构,正是由该特定结构,决定

---

[1] 魏丽珍,张兴国. 高校英语教学的生态特性及教学定位探究 [J]. 环境工程,2022,40(2):2.

第一章 "互联网+"思维模式下大学英语教学的理论认知

高校英语教学生态系统的特定功能。教学环境指影响高校英语教学活动的一切外界因素的总和,有自然环境、社会环境和规范环境之分。

自然环境是实施教学行为的基础,直接或间接作用于人的身心、认知及审美能力的发展。教学的自然环境更多地指教学的物理环境或称教学条件、教学资源等。高校英语教学的自然环境是社会环境的物质基础。

社会环境是人类生存及活动范围内的社会物质、精神条件的总和。社会环境在教育生态学中,主要指对教学活动产生作用和影响的各种社会条件,也指教学活动与其他社会组织发生的各种关系,包括从社会、政治、经济、文化到家庭的亲属关系、学校的师生关系、同学关系乃至学生个人的生活空间心理状态对教育的影响。教学规范环境是社会普遍的、符合教学群体需求期望的教学规范、教学态度和价值观,包括教育传统、教育政策、社会风气、文化传统、伦理道德、科学技术等环境因子,也是教学要求、评估标准、课程设置目标的教学理念、师生的认知观念。

高校英语教学环境既包括课堂教学环境,也包括学校环境与社会语言环境,但主要指课堂教学环境,还包括学生个体生理心理环境。应该特别注意的是,要重视高校英语教学生态系统内外环境的多维镶嵌性。总体而言,在高校英语教学的一个时空内,教学主体(学生、教师等)和教学环境(非生物因素)共同构成一个互相影响、互相作用,具有物质、能量和信息传递功能的统一整体,以上是高校英语教学生态系统。作为一种独特的生态系统,高校英语教学生态系统同样表现出生态系统的若干基本特性。

(2)大学英语的生态系统等级分类。第一,个体生态。大学英语教学生态关注教育过程中学生个体的存在状态和学生生命体的健康成长。在教学过程中,作为教学生态主体的学生,有着不同的生理特征、心理特征、成长背景,也有着不同的知识结构、语言观、价值观、人生观和世界观,本身就是一个相对独立的生态系统。周围环境(物理环境社会环境和规范环境)对学生个体生态发挥的作用、产生的影响都不相同。个体生态的物理环境是学生所处的物理教学环境,主要指课堂环境和学习条件。个体生态的社会环境,更多地指学生个体与其他个体(学生和教师)之间的关系及其对学生个体的影响。无论是主动或是被动,生态个体总会与其他个体形成某种关系并相互影响,相互作用,而且生态个体往往会把其他个体作为自己的一个镜像。

生态个体的规范环境既有外在的教学规范,如教学要求、学习要求、评估标准等,又有内在的师生教学理念和语言认知观。现代教育强调个性化的教学，对高校英语教学的个体生态进行分析，有利于发掘不同学生的个体潜能，发展学生的个人才智。

第二，群体生态。生态学中的群体生态指一定栖息地范围内同种或异种生物群体所处的环境状况。在高校英语教学生态系统中，由不同的学生个体、教师个体组成为不同的教学群落，如一个教学班级、一个教学小组。教学群体可以有正式的和非正式的。正式的群体具有较强的稳定性，最典型的正式教学群体是英语教学班级；非正式群体的流动性较强，群体的组成往往出于兴趣、情感或是完成某一教学任务，如学习小组、任务小组、兴趣小组等自然或半自然的群聚体。

在生态教育学中，群体性质不同于生态学上的物种内和物种间的关系，是由于生态教育学的生态群体是由人组成，人除了自然性，更多的是社会性。因此，群体生态包括群体内人与人之间的关系以及心理效应。教育者和教育管理者通常运用心理学中的群体动力学原理研究人和群体的发展。

第三，系统生态。生态系统的生物成分有生产者（主要是绿色植物）、消费者（主要是动物和人）、分解者（主要是各种微生物）。生产者、消费者和分解者各司其职，保证生态系统内外物质流、能量流和信息流的顺利移动和交换，使系统处于动态平衡状态。高校英语生态教学系统中也有生产者、消费者和分解者之分，但是在划分时不同于生物生态系统中生物功能划分得绝对和明晰。

就大学而言，学校、教师等是物质、能量、信息的生产者，学生既是消费者又是分解者，学生通过消费、分解学校提供的资源，生成自身的知识、能力和素质，创造社会财富，也为高校提供生存、发展所需的物质能力和信息，由此形成动态平衡的生态循环。教师开发教学资源、传授知识、引导学生学习和思考，实际上是教学生态系统中的开发者；作为消费者的学生接受并内化从教学开发者获得的知识和技能，是对知能和信息的分解利用，学生也会发挥主观能动性，与教师共同开发教学资源，在这个层面，学生又成为教学生态系统的开发者；教师通过教学和科研活动，其教学、专业能力获得提升，教师又成为教学生态系统的消费者和分解者。

总而言之，在高校英语教学生态系统中，每个生物体的功能都是多元多维的，作为教学主体的学生和教师，通过履行职责，使物质流、智能流（信息流）和能量流在教学系统内外循环和转移，保证教学生态系统的有序运行。

（3）英语教学的生态系统构建原则。大学英语教学作为一个生态系统，

第一章 "互联网+"思维模式下大学英语教学的理论认知

拥有系统所属的基本特征。按照生态系统的基本特性和教育教学的基本规律，要构建相对理想的高校英语教学生态系统，必须充分体现以下主要原则。

第一，整体性原则。高校英语教学系统是由教学主体（教师和学生等）、教学物理环境（自然环境）、社会环境、心理环境、规范环境（教学目标、教学策略和教学阶段等）等要素构成的统一有机整体。教师和学生脱离教学环境，便不再是严格意义上的教师和学生，而没有教师或是学生的教学，同样不再是教学活动。教学系统中的教学目标、教学策略也不是先于教学系统而存在，而是在教学系统不断优化和发展中逐步形成和完善。关注各个要素的同时要考虑系统整体的平衡性，而系统整体的稳定和发展也是各要素共同作用的结果。因此，在构建相对理想的高校英语教学生态系统时，必须把系统的整体性放在首要位置，并发挥其作用。如此强调整体性，关键在于要使组成系统的各种要素在有规则限制的过程中整体发挥作用。

需要特别注意的是，在研究教学系统中各个要素时，既要将学生看成是整体系统中的一个重要部分，又要把学生看作是一个完整的生命有机体，尊重其认知、情感发展的规律，赋予学生完整的生命教育。英语教学策略与教学方法也有各自特点和规律，在尊重这些规律和特征的同时，需要考虑如何优化和加工，才能使其为英语教学系统的整体目标服务。

第二，相关性原则。高校内的教务部门、英语教学机构、学生班级、教务人员、教师、学生、校园环境、实验室、实践基地、教学制度、教学要求、教学模式、教学管理、教学方式等，都是紧密联系、相互依赖、相互作用，作为系统要素，表现为一种相互关联的共生态，各要素互为条件并相互影响，就是系统的相关性。

教师为学生的学习提供服务，学生又是教师存在的条件。同时，学生之间也存在共生性。不同教育群体处于同一个教育生态系统中，为全面发展而创造良好的校风、班风，彼此间相互学习相互鼓舞、相互提高，体现互助和互惠关系。因此，必须高度重视系统相关性的特质，正确处理各要素之间的关系，使之相互协作、相互支持、相互补充、相互理解，才能充分发挥各自的积极性、创造性，形成强大而健康的合力，使高校英语教学环境成为一个充满活力、生机勃勃、有序运行、高能高效的教学生态系统。

第三，有序性原则。构建相对理想的高校英语教学生态系统，遵循有序性原则显得尤为重要。在高校英语教学生态系统内部，各个子系统、各个要素均是层次等级结构，其形态特征是稳定有序的。但事实上，形态特征的稳定有序并不能说明实际运行一定稳定有序,这是在构建相对理想的高校英语教学生态系统时所关注的一个核心问题。需要特别指出的是,对高校英语教学活动总是希望其过程稳定有序,是完全正确的,但这种愿望和追求又不能过于绝对,因为波动和无序也是客观存在、不可避免的。

有序使人们便于驾驭局势,便于操控实际工作,实现既定目标,但这样的有序也会束缚和限制人们主动性、创造性的发挥;无序会干扰有组织、有计划、有目的的工作,但是会带来自由发挥和机动调整的新因素,带来可供选择的新机会,由此而纠正或者完善既定计划方案中实际存在的误差和不足。因而,有序和无序都是人们在工作中发挥主动性和创造性的必要条件,同时又互为限制因素,两者彼此适中才能构成系统的不断优化,这一点对于创建相对理想的大学英教学生态系统格外有启示,因为要构建的系统是一个自由活跃、充满和谐和生机的系统。

第四,协变性原则。协变性是当系统出现变化,特别是出现无序时,通过系统内部的协同作用,使系统实现有序。实际上,高校英语教学过程是一个动态起伏的过程,有智慧、有经验的教师会把这种动态起伏把握得恰到好处,做到动静有度,起伏有序。在英语课堂上,教师、学生以及他们的心理情感总是相互作用、相互影响,一个因子的变化会导致另一个因子发生变化,这种变化作为系统要素因子可能是维护系统的有序性,也可能是影响系统的有效性。如果是后者,则要通过系统内的协同组织功能消除这种影响,使系统重现有序。

教师的教学理念将决定其选用的教学模式、教学方法和教学资料,不同的教学模式、方法和教材对学生的知识结构和认知能力将产生不同影响。学生也许一时不适应,但会努力做出心理调整,使知识结构和认知能力适应教师教学发生的变化。学生的认知结构和认知能力变化,又可以改变教师的教学理念,教师或将坚持其教学理念,又或将对已有的教学理念重新理解,甚至放弃。协同变化还表现在教师和学生间的情绪变化,学生的情绪会直接影响教师的情感,在积极的课堂情感环境下,学生的主动参与会提高教师的教学热情。

高校英语教学生态系统的可持续发展在于系统的生命力,即生命存在的能力和生命发展的能力。对于构建相对理想的高校英语教学生态系统并充分体现其可持续发展能力,主要依赖于:一是系统本身的科学性、合理性。换言之,该系统不完全是主观产物,而是客观需要的产物,它的存在、发展、运行是有规律的，是合乎历史逻辑和常理的；二是该系统运动的动力是源源不绝的，有持续不断的信息、物质、能量输入和输出，维持和更新系统本身的动态平衡和发展需要；三是系统运行的可靠性和可控性，即该系统是有序和无序的有机结合，是可靠的，也是可以驾驭和控制的，能够通过有效调节，维持其正常运行的状态；四是系统的各个子系统、各个要素的主动性和能动性。

（4）英语教学的生态系统构建规律。大学英语教学生态系统的运行有其自身特有规律，结合教育生态学比较有共识的基本规律用于高校英语生态系统中，主要包括以下方面。

第一，平衡与失衡。自然界中的各种因子都是彼此间互相联系和制约，并由此构成统一体。因子之间的相互作用达到一个相对稳定的平衡状态就是生态平衡，可见该平衡态是通过自然生态系统的自我调节而达成。生态平衡是动态平衡而不是静态平衡，是相对平衡而不是绝对平衡。当生态系统受到外部干扰超过生态系统自我调节能力的可控范围时，生态系统将无法维持相对稳定的平衡态，被称为生态失衡。一旦出现生态失衡，各种生态问题会陆续出现。在高校英语教学生态系统中，智能信息、物质在各个因子间转换和循环，各教学因子间的相互作用和制约，使教学生态系统处于相对稳定的状态，但是局部生态中教学失衡现象也会发生，需要通过外部干预或内部自调自控机制干预进行调节，使得教学生态系统达到新一轮的稳定平衡。

第二，迁移与潜移。生态系统的物质流、能量流和信息流的循环与交换，表现为宏观上的迁移和微观上的迁移。高校英语教学生态系统的物质流、能量流和信息流同样也表现出迁移和潜移特性。教师讲授课程、向学生演示语言技能，语言知识、信息流动有明确的流向和路径，这是知识、信息的转移（迁移）。知识和信息通过感官进入学生大脑后，学生的认知结构会发生变化，知识、信息被分解为数据，再由数据合成信息，建构成新的认知，这些新的认知将对学生的身心发展产生影响，特别是由于语言是文化和思维的主要承载，这些新的认知将促成学生或是认知的发展，或是情操的陶冶，又或是价值观、人生观和世界观的发展等，这就是知识和信息的潜移。

第三，竞争与协同。同一生态环境中的不同物种之间存在竞争，从长远观点而言，物种间的相互竞争最终会导致协同进化。环境的不断变化给予生物个体进化的压力，而环境不仅包括非生物因素，也包括其他生物因素。在高校英语教学生态系统演化和发展过程中，学生之间的关系也有竞争与协同发展的关系。在教学生态环境中，协同发展表现得更为明显，但竞争关系也使学生学习更有动力。要实现协同发展，需要调整竞争与合作之间的关系。

（5）英语教学的生态系统构建要求。大学英语教学生态模式是高校英语教学系统、高校英语教学政策系统和教师、学生心理情感系统以及高校所处自然环境、社会环境的复合体。构建相对理想的高校英语生态教学系统模式，最关键的是两个条件：①组成该系统的各要素应比现有要素更优越、更强健；②由这些要素所组成的系统结构比现有的系统结构更优越、更科学，才能保证系统更优越、更高效、更强劲，实现人们对高校英语生态教学模式所期望的功能效果。因此，构建相对理想的高校英语教学生态系统，至少有以下五个方面的基本要求。

第一，英语教学的生态系统必须是一个紧密联系系统。联系是事物本身的固有属性。系统是由一定数量并相互联系的要素组成，是事物普遍联系的一种状态。联系导致事物之间及事物内部各要素之间相互影响和相互作用。在相对理想的高校英语教学生态系统中，作为要素的高校各有关部门（尤其是教学管理部门）、各院系（尤其是承担高校英语教学任务的外国语学院）、各专业、各班级以及教师、学生、教学空间等，还有高校英语教学政策系统、教师学生情感系统及其各要素，均应是紧密结合、有机联系的。换言之，这些要素的存在和组合需要紧密联系，其组织、机制和秩序要便于系统有目的地运行。因为紧密联系才能构成系统的整体性，才有可能实现整体大于部分之和，这种紧密联系是各要素相互依存、相互制约、相互作用，是系统高效的反映。紧密、有机的联系也是系统的结构性和相关性的保证，而结构性和相关性又是决定系统整体功能的关键，结构愈合理，相关度愈大，整体内能愈好，反之亦然。

第二，英语教学的生态系统必须是一个开放创新系统。开放系统是与周围环境和相关系统发生信息、物质、能量交换的系统，是一个活的系统。开放系统一旦切断与外界信息、物质能量的来源，便会影响系统的稳定有序。同时，系统的自组织能力能够在一定条件下应对和抗拒外部干扰，保证系统的稳定性。开放的系统一定要不断吸收外来事物，以维持和发展自身运动。构建相对理想的高校英语教学生态系统，必须是一个开放系统，也必须吸收外部信息、物质、能量，保证自身运行。教育的开放与交流是人类文明进步的表现，创新是事物发展的不竭源泉，也是系统不断进步、不断优化并朝着最优状态接近的强大动力，对于相对理想的高校英语教学生态系统建设尤其重要。因此，相对理想的高校英语教学生态系统必须是一个改革创新的系统，是一个兼收并蓄、对外开放的系统，以保证系统的可持续发展。

第三，英语教学的生态系统必须是一个稳定有序系统。系统具有严密的结构和稳定等级层次，以体现系统的组织化及各要素之间不可分离的相关性，也是系统运行稳定有序的基础和前提。相对理想的高校英语教学生态系统则，是一个稳定、按规则运行、易于调控的高效高能系统，必须限制、消除无序，保证和扩大有序，也要正确处理有序和无序的辩证关系。高校英语生态教学系统的结构关系、等级层次、运行秩序都应是严密的、明确的，校级的教学行政管理部门及各相关部门的职责、任务、工作方式与内容，院系及外国语学院的职责、任务、工作方式内容，教师、学生的任务和教学方式、学习方式内容，都要明文提出要求，并要有严格的执行和检查督导机制，才能够及时消除工作中的无序和干扰，保证整个教学活动稳定有序地进行。

第四，英语教学的生态系统必须是一个自调自控系统。为了保持和发展系统的稳定、有序和高效，相对理想的高校英语教学生态系统必须具有自我调节、自我控制、自我纠错的机制和功能。对此，要求系统的自组织能力、环境适应能力、协同调处能力、信息反馈能力强。最关键的是系统不仅能够很快发现外界干扰，而且能够很快发现自身运行中出现的问题，既可以及时对抗干扰，又可以及时自我纠错，使系统按照既定目标继续有序运行。相对理想的高校英语教学生态系统，应该展现自调自控的能力。高校的高校英语教学是一个庞大复杂的系统，系统本身和系统运行受到外界干扰是不可避免的，随时都有可能发生，但出现这些问题的系统，首先要有自己解决问题的能力。

第五，英语教学的生态系统必须是一个充满活力的系统。活力是旺盛的生命力，行动、思想和表达上的生动性，以及积极的情绪和心境状态。活力包括三个方面，即体力、情绪能量、认知灵敏性。把"活力"的概念移植到高校英语教学生态系统中并作为一个特定功能，要求相对理想的高校英语教学生态系统具有旺盛的生命力。具体而言，该系统中的人（管理人员、教师、学生）身体健康，精力充沛，饮食、睡眠良好，业余活动积极向上，思维敏捷、工作和学习效率高，充满自信，追求卓越，动机强烈。

大学英语教学生态系统的管理人员应该恪尽职守，既坚持原则，以人为本，实行人性化管理；教师不断改进教学方法，因材施教，倾听学生意见，课堂生动活泼，既教书又教人；学生学习积极主动，能够把握情感情绪，以饱满的热情听课，并热衷师生互动。该系统所遵照执行的各项政策、规定制度，其指导思想正确，内容切合实际，既能规范各项教学活动，又能体现民主管理，调动师生员工的积极性和创造性。

2. 英语生态课堂教学构建

（1）构建教师教学。教师是教学活动的力量源泉，是教学实践的中心，是教学活动的设计者、领导者、组织者，也是教学的执行者。教学，是一种让同学认识其他事物的活动，学生作为活动参与者，教学内容作为活动中的认识对象，教师作为桥梁和媒介，将两者串联在一起。在教学过程中，特别是有着生态化语言的环境下，教师不仅要善于引导学生在学习中找到适合自己的学习方式，合理运用并获得新的知识，用所学解决遇到的问题，还要深化生态化语言学习，让学生真正获得实际效用。

学生作为活动的参与者，应该知道如何学会学习，而教师要做的，不仅是引导他们的学习方法和思维转向，还要引导他们形成正确且良好的人生观和价值观，更要对学生在语言学习上进行启迪、激励和引导。在学生自主学习方面，教师应该学会引导学生提出问题并能够自己解决问题、自主选择适合的学习方式、自主选择学习目标、自己能够控制和调节学习进程。总而言之，教师在英语生态教学模式中作为有机组成部分之一，有着重要作用。为了实现生态化英语语言教学模式转向，教师需要让自身语言知识文化观、教学角色意识和教学方式发生根本性转变。

第一，转变教师教学的角色意识。高校英语教学发展至今，已经不只是要达到单一地对英语基础理论知识传递的要求，还增加了英语交际能力与实践能力、语言掌握能力等，对英语教师提出了更高要求。教师要转变自己的教育理念，从传统英语基础理论知识的教学逐步转变成多方面的英语教学。为此，教师要从教学实践前期开始改变，要对学生进行分析，根据学生的个性化特点，制定教学目标、确定学习方法，从而适应各个阶段、各个层次的学生教学。另外，教师要在原有传统教学手段基础上，增加新的教学手段，引入多媒体以及网络教学资源，丰富教学内容、提高教学效果。教师要改变原有的单一内容型教学传递方式，改变原有仅重视理论知识传递的教学方式，应在教学过程中引导学生学会自主学习，调动学生学习的积极性，从而达到更好的教学效果。

在新的教学模式中，要以学生为中心，教师作为教学实践的实施者，要

第一章 "互联网+"思维模式下大学英语教学的理论认知

逐步改变原有知识传递者的角色。在新型的教育体系中，教师的作用侧重于引导学生进行自主学习。在学生自主学习过程中，教师又扮演着观察者的角色，观察学生在自主学习过程中遇到的问题与解决问题的方法，并且在观察过程中提出问题，协助学生利用自身能力，寻找问题的解决方法，这个过程对教师观察问题的能力有着很高要求。新型的教学实践对于教师的组织教学能力也有很高要求，因为教学实践已经不仅局限于课堂上的讲解以及课下考核，而是要在课堂实践过程中组织活动，让学生在活动实践中进行学习，这些都是教师角色的转变。

第二，提升教师语言知识文化观。语言学和语言哲学中的一个主要命题是语言知识文化观，因为它决定教师是否能够形成正确的英语教学观。语言观是人们如何看待语言本质，一般而言，教师的语言观对英语教学影响：在教学过程中，如设计教学大纲、回应学生在学习中的反馈、组织课堂教学等方面遇到很多问题，而这些都会受教师在英语课堂教学过程及组织的影响。当然，在英语教学过程中，并不是所有的教师都会直接运用语言学知识，而且教师如果只是掌握其中一点语言学知识，并不能解决所有问题。相互联系但是意义不同的参照构架之间的相互作用，才会产生有效解决语言教学问题的方法。

受到教学语言观影响，教师会在教学内容上选择广泛的知识范围，而语言知识选取则会被教师的语言观所影响。英语教师对所教语言性质的认识，也会受到教师语言观中语言学对于语言描写的影响。语言学家从不同的角度，对语言有着不同的理解和描述，工具论的内容指语言只是一种交流手段，作为人类在社会交往时的一种必要手段和人类生存与发展的必要工具，也就是用于交流、表达思想、讨论工作。文化论认为，实际上人类赖以生存和发展的基础是文化，每一个人都是在一定文化气息中长大和生活，而语言则是社会文化大系统的主要构成要素之一。

第三，多元化的语言教学方式。随着社会发展和教学体系的改革，教师在语言教学方式上也要进行丰富，即从最开始完全讲授与接收的课堂教学方法，逐步转变为课本剧表演、课堂讨论等新型的教学方法。此外，教师还可以设计更多的教育教学方法。教师在制定教学方法时，要以能够促进学生发现并掌握新的知识为原则。教师在教学方式设计上要有创新，只有新型的教学模式，才能激发学生自主学习兴趣。兴趣是最好的教师，学生对课程有兴趣，易于取得更好的学习效果。

（2）构建学生主体。

第一，提升语言学习时空流变性。时空流变性的建设基于时空的三维性。空间有三个维度，即长、宽、高，同样，时间也有三个维度，即现在、过去和未来，时间的三个维度与空间一样，都需要引起足够重视。从人文角度和心理视角可以观察和体验到现在、过去和未来，也能够确认三者之间的区别与联系。离开时间的三个维度，则谈不上时间流程和时间观念。

语言学习也是一种学习模式的延续，在学习第二语言时不可避免地会受先前母语学习影响。第二语言的学习遵循母语学习规律，并且母语学习的思维将影响第二语言学习思维，表明语言学习也具有时空思维。与英语的生态教学模式理论相吻合。因此，语言学习分维模式是先有各种规模水平的现象和事件的复制与投射，语言学习在空间上也表现出其流变性。

空间流变性使语言的学习会受身边文化变化影响，这个过程会对学习母语过程中养成的习惯与经验进行改变，甚至是重塑。语言学习受时间以及空间的影响，是两者综合作用的结果。

第二，增强语言学习历程影响力。英语教育在进行改革后，将英语课程的启蒙年级降低，在低年级阶段引入英语教学，并且在课堂教学结束后引入评价过程。在每一个阶段学习后，教师都给予学生一个评价，让学生能够通过评价了解自己对于语言的掌握程度，增强学习语言的信心，从而培养学习语言的兴趣，逐步达到自主学习。在评价体系设置上，不能仅考核结果，因为会培养出一批应试教育的学生，不利于他们将来语言交际的实践。

评价体系分为两个方面：①过程评价，即对学生学习英语的过程进行评价、对学习的态度等进行评价；②结果评价，即在每一个学习阶段结束后，对学生的掌握情况进行结果评价。在这样的教育体制下，教师需要进行自我提升。教师要利用自己的教学能力，为学生提供更多的教学资源和更为丰富的教学方式。如今，互联网技术如此发达，教师应该引入互联网教学资源、视频教学资源等，让学生在模拟实践过程中获得更好的学习效果，甚至让学生参与视频教学资源的制作过程，可以充分调动学生的积极性，更好地提高学生的英语使用能力。

（3）构建英语语言。

第一，英语与汉语的对比。

一是，汉语句子重心在后面，英语句子重心在前面。从语言的逻辑角度而言，汉语的表达方式通常将重心放在句子后面，例如，先说事实再说结论，

第一章　"互联网+"思维模式下大学英语教学的理论认知

先说原因再说结果或者先说假设再说推论。但是英语则不同，句子的重心一般是在前面，先说结论或者判断，然后再进行说明。以汉语为母语的学生在做听力练习时，依照汉语习惯，不重视句子的开头而听句尾，所以容易错过英语句子的重点所在，抓不住听力内容重心。

二是，汉语习惯于补充说明，英语倾向于使用省略表达。以英语为母语的人，相比于使用汉语的人群，更经常性地省略部分说话内容。英语中，省略方式更加多样，比较常见的有省略句中表暗指的动词或者名词，除此之外，还有句法省略和情境省略等。例如，当多个句子是并列关系时，英语表达中会习惯性地省略听者明确其所指的内容或者在前面句子中已经出现过的内容。但是在汉语中，通常会习惯于将这些词重复一遍，以起到强调或者补充说明作用，这种对于内容的补充或者省略，是学生进行汉英互译工作的一个难点。

三是，汉语一般都使用主动句，英语更多地使用被动表达。英语中，尤其是科技英语中，会经常性地使用被动句式。尽管汉语中也有被动句，通常也有明显表示被动的词汇，但是相比于英语，汉语的被动句较少，而且汉语中的被动句还带有贬义。因此，在英语学习中，应习惯性地把英语中的被动理解为汉语中的主动表达。

四是，汉语更倾向于使用短句，英语习惯于使用长句。汉语具有很强的穿透力和延伸力，有时通过几个字词能够直接表达出整句意思或者通过短句表达出超过句子范围内的意蕴。英语中，经常会出现很长的句子，其中包含多层意思和复杂的句法结构。习惯于汉语语句短小精悍的人们，在阅读英文文献时，遇到最大的困难在于对长句的理解。理解长句往往需要进行语法分析，正因为它的复杂性，英语长句的翻译经常出现在英译汉的考试中。

五是，汉语使用分句频率较高，英语则常用从句。汉语表达中，句式较为松散，短句形式十分常见，也习惯于通过语词的意义传达句意。但在英语中，则经常使用包含大量修饰语的长句，或者用引导词在主句之外连接从句，使句子较为复杂，难以理解。在理解这样的长句时，需要对复杂的句子结构进行梳理，通常可以使用语法分析法进行解决。

六是，汉语倾向于使用名词，英语则使用代词。在汉语中，名词具有重要地位，松散的句式和短小的句型使名词的理解在句意理解中占据首要地位，但是在英语中，由于长句更为常见，且句法结构对句意理解起到决定性作用，代词则变得十分重要。

七是，汉语表达较为具体直观，英语则抽象生涩。英语经常使用抽象的表达方式，而汉语则偏爱具体的意象。尽管汉语的表达极为形象直观，但是在表面意义背后可以拥有更深的意蕴，给人留下想象空间，但在意义表达上又是含蓄的。

第二，语言知识与技能的融合。语言能力由语言机能和语言知识共同构成，两者相互促进，也相互影响。语言学习不仅是为了语言知识内容的获得，也是为了发展包括听、说、读、写、译在内的语言技能。能够理解和运用语言知识，对培养语言技能具有重要意义。但只学习语言知识是不够的，在英语教学中，在知识传授之外，还要将知识运用到语言实践中，将听、说、读、写、译等实际语言能力的训练和语言知识的学习结合起来。

在学习语言知识时，要具有在语言实践中运用知识的意识而不是仅将知识作为头脑中的储备；在语言实践中，又要将实践作为巩固知识的手段。只有使语言机能和语言知识相互促进，才能让语言教学取得更好的效果。

（4）构建教学环境。语言环境对语言学习有着非常重要的作用，人所处的语言学习环境中各种要素综合产生的作用，最终决定一个人的语言能力。当一个人所处的语言学习环境利于学习时，能够调动学习者学习语言的积极性，使其产生原动力，推动自己积极主动地学习语言。学习语言的环境对语言学习起到至关重要的作用，语言环境是语言学习者的摇篮。

阅读、写作、听力、口语学习对语言环境的要求不同。我国学生一直是在母语环境中学习英语，英语和其他学科一样，也被视作一门普通课程。因此，学生在英语听力和口语训练上投入的时间，并未达到学习英语最低的时间标准，而培养阅读能力的语言环境相对简单。所以，在汉语环境中学习英语时，阅读能力的培养则成为比较容易的方面。阅读能力是基础性的能力，决定对语言知识的掌握程度，对信息的获取程度，也决定着学生的听力、口语、写作、翻译能力。在高校英语教学中，要始终贯穿提高学生阅读能力训练，因为学生走上工作岗位后，阅读能力对其十分重要，而且现阶段，大部分学校的教学模式更利于培养学生的英语阅读能力。

第一，英语教学与生态课堂的联系。课堂和英语教学有着密不可分的联系，对学英语的人的学习效果和人才培养模式有很大影响。对很多学生而言，几乎是在英语课堂上完成学习英语的过程，课堂的学习氛围会对英语教学质量产生极大影响。英语教学要尽可能地多运用英语，再加上母语辅助，在学英语时要有用英语的教学思想，要将课堂环境变成良好的语言教学环境。在英语课堂教学时，课堂氛围可以提高学生的学习积极性，让学生对英语产生兴趣，

第一章 "互联网+"思维模式下大学英语教学的理论认知

帮助学生很好地利用课堂生态环境，培养用英语交流的习惯，让学生在课堂教学时一直处于活跃的状态。

教师应尽可能地运用英语教英语的优点是将英语作为交流的介质，这样可以将学习主体（学生）、学习客体（英语）两个要素连接成一个整体。因为英语教学的目的和中间介质是英语，无论是学生还是教师，他们在课堂上都运用英语，为英语输出提供环境。学生在学习英语的同时，也在运用英语，可以把英语教学形式和内容很好地结合在一起，从而提高英语教学效果。"使用语言学习语言"是交际教学法倡导的理念，是在沟通时通过刺激语言系统本身和激活固有语言信息自身的发展而得到语言。

第二，英语教学语言生态环境的构建。英语教学需要建立一个和谐的生态语言学环境，需要激励学习者在现实和自然语言学习环境下，尽可能地运用现代化的学习条件和信息，不断提升语言使用能力，把社会文化和语言结合在一起。

一是，收看英文电视节目或原版影片。语言承载着文化，学习者在看英文原版电视剧时，除了能够学习英语和练习听力外，还能够了解文化和语言之间的相互关系。在观看过程中，除了留意节目中的日常生活用语，还能了解英语文化。所以，看原版影片是一个提高英语应用能力、丰富英语文化知识的有效途径。经常看英文原版影片还可以提升学生听力，因为在观看电影或者电视剧时，有相关画面帮助理解听力。听音的过程也是一个繁杂的学习过程，学习者不仅要注意节目中的语音，还要记忆和学习听力材料中的新知识，要正确区分日常口语、正式口语和书面语言的表示方法。

二是，阅读英语原版书刊。阅读英文书籍不仅能够增加读者的语言知识，还可以让学习者了解英语文化、开阔视野。因此，阅读原版英语书籍和英文读物，能够使阅读者感受英语语言的节奏感，通过其他人的遣词造句，提升自己的整体英语水平。

三是，利用网络，畅游英语世界。英语学习者要运用互联网和计算机媒体学习英语。随着网络的飞速发展，学习者通过互联网除了能够找到不同国家科技、经济、文化等方面的英文信息资料以外，还可以听到各种英文演讲。互联网上的音效、文字、图片效果，可以让学习者产生学习兴趣，让学英语变得有乐趣。

学习者是英语生态教学模式中的中心，除此之外，还与英语教师、英语语言以及英语学习的整个环境有关，他们具有相辅相成的作用。提高大学英语课堂教学的质量，"优化大学英语教学的情感环境、社会环境、评价体系及网络环境，创建一个动态、和谐、平衡的大学英语教学环境"[①]。在学习中，教师的教学方法与整体教学效果有很大关系，学生对语言的学习与教师的教学具有相互推动关系；在教师教学过程中，教师能够学到从未学过的知识。在整个英语学习过程中，学习者的学习状态与学习环境有很大关系，如果学习环境和学习氛围好，学习者能够从中获得更多知识。学习者与英语语言经常被人们看成是相互对应的关系，但实际上却是英语生态教学模式的主要组成成分。在学习者学习英语语言的过程中，英语语言对学习者又具有极大的影响力。

英语教师和英语语言联系的重点，是英语教师把握好英语语言的同时，英语语言存在的意义又会影响英语教师对教学方式与教学内容的确定。在当今的英语教学模式中，良好的学习环境和学习氛围，可以为学习者提供一种学习动力，让学生能够更好地融入学习氛围中，进而提高他们的学习效率。

（二）英语教学的整合维度

第一，政府引导，统筹规划。高校间要想实现真正意义上的资源整合与共享，减少低水平资源的重复建设，最大限度地实现高校英语教学资源的整合与共享，与有关职能部门的积极引导和统筹规划是分不开的。一方面，有关职能部门需从制定相关政策入手，从宏观上进行调控。通过转变人们观念，制定相关政策，打破高校间各自为营的局面，建立高校教学资源整合与共享机制，促进高校间资源的协调发展。另一方面，通过统筹规划，集中优势力量，优先开发、建设优质教学资源，从而减少低水平资源重复建设，实现最大范围的开放和共享。

第二，多方参与，协调发展。除有关政府机构积极引导、统筹规划外，资源整合与共享的实现还需社会各界的多方参与，共同促进校企之间的协作发展，不断提高信息化水平，推进信息技术与教学的深度融合。积极吸引企业参与教学资源整合与共享建设，引导产、学、研、用相结合；积极营造开放灵活的合作环境，推动校企之间、区域之间的广泛合作。与此同时，加强师资队伍、专业队伍和管理队伍建设，为资源整合与共享提供保障；信息化

[①] 郭坤，田成泉. 高校英语生态教学环境的优化[J]. 教育理论与实践，2016，36（24）：56.

环境下广大大学生也需积极参与进来，不断提升信息化学习能力，建立以学习者为中心的教学模式。

第三，确立标准，健全机制。确立统一标准是高校英语教学资源整合的重要目标，各种资源应按照统一的标准进行创建、整合与共享，实现资源间无缝、统一、多方位的全面连接，建成一个互通有无、优势互补、资源平衡的结构体系，以发挥资源的最佳效能和整体效益，体现以人为本的服务思想。健全机制包含多个方面，其中的评价机制和激励机制尤为重要。资源是否优质，能否为广大师生和学习者服务应交给使用者来判断。资源建设应与时俱进，不断更新，最终实现生态化、可持续的发展。科学的评价机制不仅能更好地促进优质资源建设，促进其健康发展，而且通过建立配套的激励机制，也能鼓励和刺激优质教学资源的可持续发展和新资源的再生。与此同时，还应加强基础设施建设，规范网络与信息安全管理，构建安全、文明、绿色的信息化资源整合与共享体系。

第三节 "互联网+"思维模式与大学英语教学的结合

以计算机网络为核心的信息技术已成为人们基本的生活环境。站在信息化社会的高度，人们正在利用信息技术进行教育体制和教学模式的改革，而这种改革首先始于英语教学。信息技术的发展极大地拓展了教育的时空界限，空前地提高了人们学习的兴趣、效率和能动性。传统的教学形式已不能适应信息化时代的需求，急需一场突破性的变革给英语教学赋予全新的内涵。

一、"互联网+"思维模式与大学英语教学结合的意义

"互联网+"与大学英语教学相结合具有十分重要的意义，它可以改变人们的学习观念，预示着未来教育的发展方向。

（一）更新了学习观念

在"互联网+"和英语教学整合的模式下，教学的框架发生了根本的变化，

教师、学生、计算机以及教学内容等教学要素之间是双向的相互作用、相互依存、相互转化的关系。教师和学生的角色定位发生了根本性的变化，教师不再是课堂教学的中心，学生由被动的知识接受者变为知识的主动建构者，学生的知识来源范围扩大。

学生学习的主要途径不再只是依靠书本或教师的讲授，面对浩瀚的知识海洋和不断更新的网络信息，原先以课堂为中心、教师为中心和课本为中心的单向接受式的学习方式将被打破。在一种全新的学习过程中，学生以计算机和网络以及其他多媒体设备为中介，在自主选择、合理接受、科学加工、适时反馈的信息传输中轻松自如地完成以自主学习、合作学习和探究学习为主的发现式学习。显然，这种学习格局的变化与信息技术的发展有着直接的关系。

信息技术是物化形态技术与智能形态技术的协同利用，随着信息技术的广泛应用，信息和知识犹如产品一样频繁更新换代。走向信息化后的人类社会，创造出越来越多的新知识。这种知识的极度膨胀和快速更新，不可避免地使课程陷于尴尬的境地。一方面，大量的新知识内容需要加入课程中；另一方面，课程内容太难使学生负担不断加重。变革是最根本的出路，改变将学习过程视为一种单纯继承性的传统观点，课程应该在传授一些基础性知识的同时，注重创新和适应能力的培养。教育最重要的是让学习者学会学习，具备终身学习能力。学生应该学会自己去发现知识，自己去获取和更新知识，而不仅仅局限于学习知识本身，只有这样才能在步入社会以后自我更新知识结构，通过自学继续学到工作中所需要的各种新知识、新技能。

（二）改变了教学结构

"互联网+"与大学英语教学的整合，更重要的是使教学结构体系发生了根本性的变化。传统的以"教"为中心的教学结构转变为"学教"并重的教学结构，即教师主导—学生主体的教学结构。

教师要改变其传统意义上的作用，必须对教学结构的改变有一个全新的认识。教师主导—学生主体教学结构要求将计算机作为一个有机部分整合于英语教学之中，教师没有任何可以借鉴的经验，但又必须让学生利用计算机网络来建构或获取新知识，这就要求教师做到以下两点。

第一，体验如何利用计算机获取新知识。这种体验不仅有助于教师了解计算机的优势以及学生在学习活动中可能会遇到的问题和挫折，而且有助于教师进行目标明确、结构合理的设计工作。

第二，教师需要利用他们所了解的关于学生学习的知识和关于计算机功能的知识，去设计、管理、维护以学生为中心的、多维的学习环境。教师有了计算机和课程整合的教学体验后，就能利用计算机的优势，结合学生的学习特点设计和创造整合课程的学习环境。

二、"互联网+"思维模式与大学英语教学结合的特点

现代教育技术与语言习得规律的有机结合形成了"互联网+"与大学英语教学相结合的特点。

（一）教学手段的特点

"互联网+"与大学英语教学的有机整合使教学活动变得更灵活、更便利、更直观、更有效。大学英语教学中常用的教育技术主要包括以下方面。

第一，光学技术。光学技术（幻灯、投影），便于教师呈现文字与图像等教学信息。

第二，电声技术。电声技术（录音、广播），是在英语教学中应用得最早且最为普遍的技术手段。早先有钢丝录音机、留声机，随后有了磁带录音机，如今有了跟读机、CD机等设备，成为英语听力与口语训练中课堂教学和课外学习的必备物。

第三，网络技术。英语广播网络技术得到了日益普及，除了正规的广播电台以外，院校自身也开办了各种英语教学广播网，营造了良好的语言学习环境。

第四，语言实验室技术。语言实验室技术是由多种教学媒体组合起来的用于英语教学训练的现代化教室，它具有再现言语情境、提供大量的语言模仿与实践的基本特征。模仿实践是现代英语教学的基本原则之一。语言模仿的范围包括语音、语调、词义、词法、句法、文法、习惯表达、思维方式、文化背景等诸多方面。一套现代化的语言实验室可以从实践层面对语言实行全方位的模仿实践，对学生进行听、说、读、写、译等专业技能的全面培训，教师可以灵活地对教学效果进行及时的检测与评价。因此，语言实验室是语音课、听力课、口语课、视听说课、翻译课、阅读写作课等课型理想的教学场所。

（二）教学环境的特点

语言浸没教学法主张，英语习得应该让学习者最大限度地接触目的语，让其浸泡在类似母语学习的氛围中去感知语言、体味语言和运用语言。可见，语言习得是一项实践性很强的学习活动，离开实践活动就很难把英语学好。因此，通过技术手段来探讨和构筑理想的语言环境是英语教学改革的必然趋势。

计算机的教学演示功能，可以把文字、声音、图像等有机地融合在一起，形象、直观地呈现教学内容，便于学生正确理解和掌握语言。因此，"互联网+"与英语教学的有机整合为英语教学提供了更多的语言实习机会和更真实的语言交流环境。网络多媒体形式为英语教学营造出全新的学习环境。在这种新的学习环境中，学生不仅拥有印刷文本教材，而且拥有电子网络版的教材。此外，他们还可以通过校园网或互联网搜集有关的学习资源，补充和扩展相关知识，弥补传统教材单一的局限性。确切而言，网络化、数字化和人工智能三大技术使理想的教与学的环境的创设成为可能。

1. 网络化特点

网络技术使当今的数字化信息网络实现了"天网"（如数字卫星通信系统、移动数字通信系统）与"地网"（Internet网及其他网络）的相互独立又优势互补。网络化的主要优势是覆盖面广、资源广泛共享、时空超越限制、多向互动和便于合作。网络技术使学习过程的互动性和自主性完全成为现实。同时，随着网络技术的飞速发展，人们逐渐转变了传统的学习观念，不再将课堂视为唯一的学习环境。网络技术使课堂扩大了范围，"课堂"将随时伴随着人们，网络更是成为人们学习英语的理想环境和场所。

2. 数字化特点

数字化使教育技术系统的设备简单、性能可靠、标准统一。更重要的是，数字化技术扩大了计算机信息储存量，加快了信息传送的速度，实现了信息传输的稳定性和真实性。数字化技术的发展使书本、黑板作为信息传递的介质被声音、影像、图片所替代，而后者更具形象化和个性化。可以说，现代信息技术所构建的英语教学环境是具有情境的信息化、英语学习的全球化和个性化。

3. 人工智能技术

智能化也就意味着计算机可以进行拟人思维，可以在教学上扮演人的角色，因此，智能化的计算机教学系统能够做到教学行为人性化、人机互动自然化、教学过程合理化以及繁杂任务代理化等。此外，人工智能技术还使英语教学系统实现了以下目标。

（1）管理自动化。计算机测试与评估、学习问题诊断、学习任务分配等教学管理程序都可以自动完成，因此人工智能技术为创设理想的教学环境奠定了核心基础。

（2）环境虚拟化。教学活动可以在很大程度上脱离物理空间和时间的限制，实现了教学情境的高度虚拟化。

（3）教学个性化。利用人工智能技术构建的智能导师系统能根据学生的不同个性特点和需求进行教学和提供帮助。

（三）教学过程的特点

和传统教学不同的是，网络教学促使了探究学习的发生。网络探究学习建立在建构主义理论的基础上，让学生在网络平台下从做中学。在网络教学中实现探究学习，这就要求教师首先要寻找适合的网站，此时学生要能够熟练运用搜索引擎、善于发现和挖掘信息。其次，要协调学习者和学习资源，探究学习的成功开展和学习小组的运作有密切关系，学习小组的氛围越和谐，就越有利于探究学习；并且学习小组要善于利用有限的硬件和软件来开发学习资源。然后，要善于激发学习者的思考，这就需要学习任务既有挑战性又具真实性和全面性。再次，要选择合适的学习媒体和工具，因为互联网是一种多媒体的环境，它拥有海量的资源，既有普通资源也有专家资源，要学会合理选择。最后，要帮助学习者制定较高的学习目标，让学习者在网络平台下达到传统教学难以想象的效果。

第二章 "互联网+"思维模式下大学英语教学模式的构建

"互联网+教育"的出现让传统教育得到了转型升级，并促使教育变得开放和自由。在"互联网+"思维下，大学英语教学课堂也发生了明显的变化，在这一变化和影响下，大学英语教学模式需要跟上时代发展的脚步，实现对自身的创新。基于此，本章主要探讨"互联网+"思维下大学英语慕课教学模式构建、"互联网+"思维下大学英语微课教学模式构建、"互联网+"思维下大学英语翻转课堂教学模式、"互联网+"思维下大学英语的混合式教学模式。

第一节 "互联网+"思维下大学英语慕课教学模式构建

慕课（Massive Open Online Course，MOOC），即大规模在线开放课程，是指通过互联网面向所有人开放的一种网络教学课程。"在教育信息化的时代背景下，慕课受到了世界教育工作者的关注。该教育模式将互联网作为平台，实现了大规模的网络教育，实现了优势教育资源的整合，促进了教育公平的实现。"[①] 慕课的出现，为大学英语教学改革带来了机遇。慕课一个比较大的优势就是资源的免费，那些无法享受到高质量教学资源的学习者就可以借助慕课平台完成相应的学习，同时，其还可以根据自己的学习进度与学习能力

---
① 王怡云. 基于慕课视角下大学英语混合教学模式的构建路径探索[J]. 校园英语，2021（22）：85.

制订学习计划。学习成绩好的学生可以搜索更难的资料以实现自己的进一步成长，而成绩相对不高的学生则可以通过搜索简单的资料巩固基础知识。

一、慕课教学模式的认知

（一）慕课教学模式的特性及功能

相比视频公开课等其他在线教育模式，慕课有着三个方面特点：第一，慕课课程规定有严格的学习时间，课程上传完成后，学习者必须准时完成章节学习及其配套的作业、考试和互评等；第二，慕课的教学资源需要精心准备，资源内容比较丰富，选择多，精心准备的资源能确保课程的顺利开展；第三，正式的考评认证机制，与其他网络教育模式不同，慕课课程的考评机制比较正规，因此可为学习者提供学习成果的相关认证，在院校、企事业单位等具有很高的认可度。

1. 慕课教学模式的特性

（1）自主性。慕课网络课程学习的全过程都是在线完成的，具体而言，就是事先录制好视频，然后上传到网络平台，学习者通过搜索找到自己想要了解的那部分资源进行在线学习。此时，学习者的网络在线学习是可以不接受教师指导的，具有很强的自主性，他们借助网络可以自行在慕课平台上寻找自己想要的资料，这样慕课平添就推动了学生的个性化学习，同时，也有利于学生自主学习能力的提高。另外，慕课还有一个比较大的优势，就是其可以将学习者的碎片时间进行最大效率的利用。

（2）互动性。与传统课堂教学相比，慕课在线网络课堂教学这种网络教学模式有着其突出的教学优势，因此，一经推出就获得了许多学习者的喜爱。慕课在强调学习者自主学习的同时，也强调互动，因此，慕课平台上会有许多的线上交互工具，例如人们熟悉的留言板、问答社区等，当学习者对某一知识点产生疑问时，就可以通过线上交互工具向资源上传者或者同类知识学习者提问，在获得答案之后，也可以与其一起讨论，这样学习者就能更加高效地丰富自身的知识结构体系。

（3）开放性。传统课堂教学相对比较丰富，慕课由于依靠互联网，所以其学习资源具有很大的开放性，所有资源都是面向所有人的，只要是网络平台上的用户都可以下载相关资源。在慕课平台上学习的入学门槛不高，只要有网络，平台上的免费资源都可以供学习者学习，这为那些身处教育资源较少地方的学生提供了更多的、高质量的学习资料。学习者只要热爱学习、拥有网络，就能随时随地学习。需要注意的是，学习者在慕课平台上下载学习资源时其是一个知识的消费者，而当其向平台上传资源时其就成了知识的生产者。可见，从本质上而言，慕课确实是一个比较开放的学习平台，所有学习者都可以在上面获取、整理以及分享知识，它满足了人们在信息时代与知识时代的双重需求。

（4）大规模。慕课是一种网络教学模式，它在网络教育平台上有着大规模的特征，这种大规模主要体现在三个方面：第一，参与课程的学生数量比较多；第二，由于用户可以随时随地上传数据，因此平台数据量颇大；第三，参与慕课课程建设的高校以及教学团队较多。传统课堂的场所就是学校的教室，教学场所固定、有限制，这就对参与教学的人数有了限制，但在慕课在线网络课堂上，学习者的人数是不会被限制的，只要有网络，全世界范围内的人都可以在相应的网络平台上选课学习。慕课能为学习者提供海量的学习资源，它包括社会科学知识，也包括理科知识，能为不同专业的学习者提供学习指导。

2. 慕课教学模式的功能

（1）根据学习者慕课学习情况，适当调整课堂教学内容。慕课的一大特点就是允许学习者根据自己的实际情况制订学习计划。具体而言，可以在三个方面做出改变：第一，教师要关注学生在慕课课堂上的表现，对于学生在课堂上提出的问题要能够给予及时的解答；第二，教师要主动进行调研工作，总结学生在英语学习过程中遇到的问题，找到解决之策，从而在后续教学过程中对不同的问题予以适当强化；第三，在慕课课堂上，学生的作业评价主要是通过其同伴来实现的，但学生一般都非常希望教师能给予自己合理的评价。因此，教师应该在以后的慕课教学中，多给予学生作业适当的评价。

（2）依托国际慕课，激励学生学好大学英语。语言障碍一直都是学生无法较好地完成慕课学习的原因。所以，英语教师应该抓住解决这一问题的机会，鼓励学生积极学习国际慕课，这样，学生英语环境有所改善，其英语水平也会有质的提高，更会激起其学习英语的兴趣。

（3）根据慕课课程需要，适当调整大学英语课程体系。每个高校可根据自身发展以及学生对慕课学习的热情状况，设置"大学通用英语＋大学英语后续课程"的课程体系。

（二）慕课教学模式的适用性

慕课的出现，有利于转变我国当下高等教育人才培养模式，所以在实践应用中要严格遵循适用性原则，充分结合不同高校的实际情况和不同学科的专业特点，有针对性地量身制定教学模式与应用方式。

1. 不同类型的高校采取不同慕课策略

综合性的研究型高校，不但要充分利用慕课提供的世界各地优秀教学资源，而且要自主创新和开发品牌课程参与到慕课平台上，供别人学习交流。普通高校主要是学习和吸收慕课平台上的优秀资源，并将这些教学资源有效应用到自身教学工作中，提升整体教学质量，继而利用应用型高校的学科优势创新和开发部分专业实用性课程参与到慕课平台中。

2. 慕课模式对不同学科课程适用性不同

目前，慕课的某些设计还无法满足高校所有学科复杂的知识结构体系和特殊的思维能力要求，并不是对每个学科都适用，其对高校学科课程的适用性主要包括以下方面。

（1）理论课程。慕课网络课程有利于先进理论教学资源的共享和交流，从而有助于更好地优化理论课程设计，提升教学质量。但难以适用实践课程，因为实践课程对现场实验和调研等实地操作方面的要求较多，在实践中才能够更好地提升学生的专业技能。慕课虽然有在线模拟实验室功能，但学生无法真实地感受，教学效果往往达不到好的效果。

（2）程序化的学科课程。慕课模式比较适合结构化知识的传授，要实现相对高层次、高难度的数理推理和逻辑思维能力培养等课程的效果较为困难。

（3）外语类和双语教学课程。因为当前慕课平台的授课用语基本上都是英语，中文只出现在极少部分课程的字幕中，有利于学生在获取专业知识的同时，接触和学习纯正的英语。但是，这种语言运用方式也在一定程度上限制了慕课其他课程在我国更广泛地推广和普及。

慕课优势明显，但也存在很多不足，需要全面、客观地认识和研究，有效借鉴和引用慕课的优势资源及课程设计等优点，尤其是正处于慕课筹建阶段的应用型高校更应如此。各个高校要以慕课为契机，着力推广"线上+线下"的混合式教学模式，促使学校和教师改变传统的教学观念，正确认识在线教育的优势和意义，从而更深刻地领会高等教育的发展方向。

应用型高校要从理论、技术、创新应用和可持续发展等体系入手，全面、系统、深入地推进混合教学改革；充分借鉴慕课经验，构建更加开放的教育体系，深刻理解和贯彻自身职能。慕课也有助于高校进一步利用现代信息、新媒体、互联网等高新技术平台，更加全面深入地优化整合"线上+线下"教育模式，充分集聚和共享多方优势资源，更好地服务社会。应用型高校可借助慕课这一全球化资源平台，加强国际合作与交流，实施国际化协作办学策略，在互联网生态圈内不断深化高等教育改革，培养能力更强、综合素质更高的应用型人才。

（三）慕课教学模式的构建优势

随着慕课模式在全国高等教育领域的深化普及，其强调自主学习为主的教学理念在潜移默化中改变着高校的教学方式。慕课热潮的来袭有助于推动高等教育的内涵式发展，为社会培养应用型复合人才。相对于传统课堂教学模式和一般的网络课程，慕课主要具有以下优势。

1. 带来广泛、优质和模态化的资源

慕课的显著特征主要表现在三个方面：①大规模、开放性。慕课打破了常规教育的人数、时间和地域限制，学生不必严格根据课程时间安排到特定的实地课堂中接受教师传授知识，既支持学生随时随地随身学习，又支持大批量学生同时段学习，从一定程度上有效激发学生的学习热情和兴趣，能够更加积极主动地投入学习中。②资源透明性。慕课课程的学习内容全凭学生爱好与需求自主选择，可以在特定时间段内完成学习过程、提交随堂作业、参与知识考核，而且一切的教学资源都是透明公开的，整个学习考核过程公平、公正，对所有学生一视同仁。③资源丰富性。慕课基于全球互联网平台搭建而成，汇聚世界范围内的各类优秀教学资源，信息庞大，内容丰富，学生简单注册账号以后，可以免费享用资源，足不出户就能享受到世界名师的指导。

慕课课程内容打破了传统学科限制，强调知识信息的综合性、实用性和普遍适用性，从各个领域的先进理论、实用性知识到各种生活健康常识等应有尽有。同时，有效实现各个高校之间的资源互通和互补，促进顶级高校资源向普通高校的共享流动，弥补我国高校资源分布不均的现状，更有利于人才综合素养的提高和高等教育的整体性发展。例如，普通高校可以通过注册北大慕课平台，获取其优秀的教学资源。慕课课程的大力开发，将极大改观现有教学观念和教学模式，极大地促进应用型高校的教学水平。

慕课课程的内容通常利用视频形式体现，由相关专业的教师团队经过反

复斟酌、精心研究确立而成。大多数的视频主讲教师都是知名学校的顶尖教师，雄厚的师资力量确保了其课程内容设置更加合理，讲解质量更好，学生接受度更高。

慕课的课程设计有效利用模块形式，体现出各个课程的特色。把完整的知识体系按照内容分解成一批相对独立的小模块，让内容条理更加分明，且重点突出，一目了然，并借助10分钟的视频，将其具体表现出来，有效集中学生的学习注意力，帮助学生更好地理解和记忆知识。

2. 体现"以学生为中心"的教育理念

（1）兼顾不同学习能力。传统课堂教学着重强调教师的"教"，教师按照统一的课程内容和进度要求一对多地进行知识的讲授和传输，这种教学模式难以顾及每个学生的能力和需求。慕课则不同，学生可以自主选择与自身能力相符合的课程知识，自己安排学习计划和进程，还可以重复回放视频课程，反复学习知识难点和重点，进而提升学习效果。

（2）满足不同学习方式。慕课的学生用户可以利用特定的论坛、网站等平台，与教师和其他学生进行实时交流和互动，互帮互助，一起解决学习过程中遇到的困难和问题。同时，利用课程视频中的测试题、线上测试题、线下作业等方式检测学习效果，强化知识的理解和记忆；利用教材注释、虚拟实验室等辅助工具，随堂记录课程内容和学习心得，对需要做实验的课程进行在线模拟实验；利用教师、其他学生和自己的评价综合考虑学习结果，及时发现不足，有针对性地修改，从而不断提高学习效果。

（3）随时随地灵活选择。传统教学方式有严格的课程安排和时间、地点规定。慕课完全打破固化模式，课程时间比较灵活，且没有地域限制，学生可以根据自身需求自由规划学习时间，确保在相对良好的环境下完成学习。

（四）慕课教学模式的创新发展

慕课教学实现了高水平大学教学资源受众的规模化和全球化，拓展了传统高等教育的知识传授链，同时，慕课教学模式具有小视频配合相应的即时在线测试开展课程教学，模板化的课程结构易于工程化复制等独特优势，可以预测慕课教育将对应用型高校整体办学水平、教学模式带来质的变化。

随着慕课的快速推进，给高校的课堂教学改革带来了新的机遇和挑战。要求管理者要搭建更高效的资源共享平台促进课堂教学。教师需要重建课堂教学理念，确立新的教学目标，重新组织课堂教学过程并更加注重过程化、多元化的考核方式。与此同时，教师要做好由同一化培养到个性化培养的转变，由课堂教学到多平台教学的转变，由单行灌输到多向互动的转变，由人工教学管理方式向智能化教学管理方式的转变。

1. 创建有效平台，强化教学资源的共享

慕课是新近涌现出来的在线课程开发模式，发端于过去的发布资源、学习管理系统以及将学习管理系统与更多开放网络资源综合起来的旧有课程开发模式。慕课的定义决定了慕课的运作需要借助平台运行，而社会层面和学校层面两个平台很重要，两个平台的良好运作有助于促进优质教学资源在全社会范围内共享，有利于实现教学改革目标。

（1）搭建慕课平台。由于师资力量不同，普通高校和名校之间的差距越来越大。如何实现我国整体教育质量的提升是目前教育界的主要工作。开展慕课建设，推动课堂教学，可以实现区域高等教育水平的整体提升。搭建以慕课联盟为基础的学习平台，要摒弃以往资源共享会削弱自身教育实力的观念，在资源共享过程中不断增强教学优势的互补，以实现共建、共享的教育科学理念。

第一，搭建学习平台，要做好平台搭建的铺垫工作。教学平台的搭建是区域高校共同的工作，不只是具有优质教学资源的高等院校责任，相关地方政府也应在教学资源共享方面给予支持和保障。教育平台的搭建还需要一定的技术支持，根据国家相关建设标准，采用现代信息技术，增强学习平台的功能性。高校最终还是需要回归到学分认证，需要平台规范统一教学内容和要求，有了教学基础才能公平认证。

第二，丰富教学平台资源。高校相关教育工作者要不断研发自生资源，不断加快自主研发网络课程资源步伐，引进优质资源和自主开发优质资源同步进行，在平台上运行。学生在选择性上也有多种可能，而自主研发课程资源更能有效地针对不同学生因材施教，需要各高校鼓励开发自主课程，尤其是高校中专业课知识比较有针对性的课程，而公共课程和选修课等共性较多的课程相对而言更容易开发。

（2）加强校内网络平台建设。从目前来看，在各级政府投入和高校自身争取下，各高校分别建立了属于本地区高校的慕课平台，但是内部网络建设水平仍待提高。

第一，实现网络在线教学平台和数字化对接。现在，各高校内部具有网

络化的财务缴费系统、图书馆信息系统、教务管理系统、网络教学平台系统等，由于这些系统分属于不同管理部门负责，相应的技术标准和公开程度不尽相同，学校加强网络在线教学平台和校内数字化平台的衔接，可以避免师生重复身份验证工作，促进各部门之间工作的相互协调。校内网平台应及时和校园数字化平台对接，形成信息共享，避免反复混乱，在统一体系平台下，学生和教师在完成身份认证以后，可以完全享受资源的服务与便利。

第二，当前教学平台应用范围还有待扩大。学校可以通过建设相应的教学平台激励政策，鼓励师生参与网络平台教学中。此外，学校应加强相关宣传，宣传网络在线学习平台的优势和平台使用说明，同时为学生网络在线学习提供便捷条件。例如电子信息阅览室、校园内部实现网络全覆盖等便捷的网络条件，可以为教师和学生提供便利的网络学习条件，是高校现在有条件也应该要达成的。

第三，慕课平台的管理需要完善。完善相关规章制度和管理办法，及时更新网络教学资源，做好网络教学平台管理的服务工作，保障网络信息安全。平台的管理需要完善的系统，新事物的出现总需要新的管理为其服务。完善相关制度和管理办法，可以保障慕课平台的规范性，及时更新网络教学资源，有助于保持师生的积极性，而没有更新的网络资源会影响教师上传教学视频的积极性和学生学习的趣味性。实时更新教学资源，能够有效保持慕课平台的正常运行，最关键的是保证网络信息的安全，设立网络巡视制度，坚决杜绝网络不良信息在校内资源的传播。

2. 加强过程评价，重视实际的教学效果

在慕课时代下，高校在课程改革过程中应注重评价方式的多样化。

（1）重构课堂教学目标。慕课背景下，学习由于可以不受时间、地点限制，学生通过网络在线学习平台提升自主学习能力，实现教学目标。传统的教学课堂只是单纯地在课堂或者单一时间内把知识和技能教给学生，学生的长时记忆受到限制，不利于学生对知识和技能的消化。慕课背景下，翻转课堂成为可能，学生可以不受时间限制，课上不理解的内容可以在线上反复学习，教师的互动交流也成为可能，反过来学生在线上的学习也可以拿到课堂师生共同学习。

（2）重构课堂教学实施过程。课前预习、课堂讨论、课后深化成为慕课重构课堂的新模式。新的教学模式，需要教师备课，也需要与时俱进。学生

成为课堂备课的主体，不同的学生、不同的在线状态都需要备课教师的思考，课堂的讨论需要教师准备充分的资料，课后的深化同样需要教师角色的转变。所以，网络教学是新事物，也是旧事物，无论课堂模式如何变化，最终需要学生学会学习。

（3）重构课堂教学评价模式。慕课背景下的课堂教学更加注重过程，教学过程是重点。学生的学不局限在几十分钟内，而是对知识的理解是否扎实，考察学生的理解需要更多元的方式，例如可以借助网络进行日常作业，或者网络研讨等。在新的教育教学方式背景下，教师应该在传统评价机制基础上融合创新，注重过程的评价，实现最终的学习成果。

3. 发挥慕课优势，促进课堂教学的转变

由于慕课解决了传统教学受时间、地点限制的问题，提升了学生的综合能力，教师要熟练掌握慕课的开发和管理，调整课堂教学知识结构，利用慕课资源。教学改革中要充分发挥慕课优势，实现教学方式的优势互补，促进教学质量提升，实现应用型人才培养目标。慕课教学需要实现以下三个方面的转变。

（1）人才培养方式转变。传统课堂教学模式是以班级为整体进行教学内容传授，忽略学生基础和学习能力差别，难以调动部分学生的学习积极性。慕课背景下，教师需要尊重学生的差异性，增强教学内容的针对性，重视激发学生学习的主动性，由教师被动的教学变成学生充满兴趣主动地接受新知识。相对于传统的教学方式，慕课教学更侧重学生个性化需求。

（2）课程教学方式的转变。传统课程教学方式较为单一，师生之间缺乏交流，慕课打破了时空限制，师生可以通过博客、微信等实现知识交流，丰富教学方式。无论是传统课堂还是新方式的网络课堂，师生的交流都占有重要角色，没有交流的课堂不是成功的课堂，线上课堂可以帮助学生更好地向教师请教。

（3）教学管理方式的转变。慕课教学平台的创设实现了有纸化向无纸化、人工化向智能化教学管理方式的转变，教材、笔记、作业等以电子资料形式呈现，考试可通过网络在线进行。此种环境下，教师要不断提高自身计算机应用能力，并实时更新教育方式和观念，促进学生综合素质提高，而作为学校的管理者，也需要积极与社会接轨、与时俱进，选择更先进的教学理念，更新既有的传统观念。

4. 推进课堂改革，提升教学管理的水平

教学管理者的角色应该由管理者向教学和课程服务者转变。高校管理者应该充分发挥高校优质师资，为学生提供更加优质和差异性教学服务，同时为教师提供最便捷的网络应用服务。第一，利用学校互联网大数据对学生的学习进行差异性分析，为学生制定个性化教学方法，真正做到因人而异，因材施教；第二，多样化教学服务，充分利用互联网信息技术，通过学生端为学生提供更优质的教学服务、课题选择、教师选择、研究讨论等，通过个性化差异化的算法服务，真正高效有序地推进教学改革。

传统课堂能容纳的学生有限，但慕课可以涉及很多学生。在传统课堂教学模式中，大规模是极大的负担，但在慕课环境下，大规模却是一种教学资源。慕课的兴起是因为其有实体课堂没有的优势，如学习没有时空限制和门槛限制、没有班级人数限制、名师授课、以学生为中心的教学模式、科学的教学设计等。因此，慕课与实体课堂各有优势和不足，两者的结合是未来教育改革的方向。

二、大学英语慕课教学模式的具体构建

（一）课前知识传授

第一，大学英语教师应选择或制作合适的课程资源。大学英语教师要对英语单元教学目标与学生的特征进行必要分析，然后对知识点进行解析，进而再去选择课程资源，因为这样选择的资源会比较与教学目标与内容相一致。教师设置的微视频不能太长，时间控制在 5 ~ 15 分钟，这样的长度非常有利于学生集中注意力。在安排学生作业时，要保证作业的难度适中，太难会打击学生的学习积极性，太容易则不利于其问题思考能力的提高。

第二，学生自主观看慕课视频。教师向学生提供的慕课视频都比较短，且为了检验学生的学习成果，一般都会在课程中间穿插一些小测试，这样学生就能清楚地了解自己的学习状况。此外，时间不长的短视频能时刻保证学生有着较为集中的注意力，当其遇到问题时，其也能进行自主思考，这样就能加深其对知识点的了解与记忆。在学习英语慕课课程时，大学生学习的地方并不固定，只要有网络，大学生可以选择任意地点，可以是学校机房，也可以是宿舍；慕课课程学习的时间也不是固定的，学生可以充分利用自己的时间进行英语慕课课程学习。

第三，学生自主完成随堂测试。为了巩固学生观看慕课视频的学习成果，英语教师还要为学生设计好相应的测试题，布置合理的作业。在测试部分，教师应多为学生提供一些客观题，而测试的具体施行可由大学英语课程系统完成。当结果出来后，学生就能了解到自己知识点薄弱的地方，然后需要通过回看视频完成知识点的再次学习；在作业部分，教师应多为学生提供一些主观题，大学英语课程系统对学生进行随机分组，组内学生之间进行互相评价，进行点评，从而加深对重点知识的理解和深化。

第四，互动交流。利用大学英语教学平台提供的交流工具，学生不仅能够完成与本校师生的互动交流，而且还能完成与外界学习者的互动交流，这样学生的学习眼界得以开阔，发散性思维得以形成。教师在互动交流过程中发挥重要作用，教师需要发挥自身的社会临场感作用，不断提升学习者的凝聚力，加强他们的归属感，这样教师与学生、学生与学生之间就能实现良好的互动，学习者的学习也将会是一种快乐的学习。学生与教师进行互动，可让教师为自己答疑解惑，与其他同学进行互动，可学习到其他同伴好的学习方法。

（二）课堂知识内化

在课堂知识内化的教学环节中，英语教师主要采用的教学方法是任务驱动。该方法的形成以建构主义教学理论为依据，特点为教学的全过程都充满了各种各样的任务，教师在其中发挥主导作用，学生发挥主体作用，这一教学方法对学习者而言意义重大。

第一，教师补充讲授。英语教学平台上的视频不可能与教学目标达到一致，因此，英语教师在开展慕课英语教学时，必须要结合英语教学目标，对教学内容做适当的补充。

第二，确定任务。英语教师不仅要考虑英语单元教学目标与重难点，还要考虑学生自主学习的能力与现状，在课前完成任务设计，任务不仅要具有挑战性，而且还要具有探究性。教师需要根据学生特点对其进行分组，每组人数可以控制在 4~6 人，组内成员一起讨论需要完成的任务。

第三，任务探究。小组内部通过对任务进行分析确立各自的任务。任务的分配与完成有两种情况：第一种情况是，如果任务所涉及的范围比较广，就可以将其进行分解，得到一些小任务，组员就可以单独负责一个任务；第二种情况是，如果任务并不好划分，那么，每一位组员都可以对任务进行整体探究，然后将探究的结果整合起来即可。第二种情况不仅能体现大学生学习的主体地位，而且还能培养大学生独立分析、思考与解决问题的能力。任务探究最重要的还是组内成员之间的协作探究，协作探究不仅能培养大学生的创新与批判思维，而且能提高学生的沟通能力，增强凝聚力。

第四，成果展示。在学生完成任务探究之后，还要进行成果汇报与展示，这是可以在组内推举一人进行汇报，也可以每位组员轮流进行汇报，具体采用哪种方法，可由各组商讨后决定。

第五，评价反馈。英语教学评价是由教师与学生共同完成的，评价内容不仅包括学生在进行英语慕课课程学习之前的自主学习情况，而且包括学生在任务探究过程中的表现等。英语慕课课程评价的结果与传统英语课堂评价结果结合起来，就能更加全面地反映学生的英语学习情况以及教师的教学情况。

（三）课后知识拓展

经过课前知识传授和课堂知识内化两个阶段的学习，学生基本上可以掌握大学英语基础理论知识，达到大学英语课程的基本学习目标。在通过英语教学平台上的相关技能与过关测试后，学生就会自动获得英语课程自主学习部门的相关学分。大学英语教师对学生的英语学习情况进行恰当点评之后，可选出比较优秀的学习成果在教学平台上向所有学生展示；还可以继续搜集更具挑战性的学习任务，鼓励学生超越自己，继续完成任务，这样学生的英语知识在得到巩固的同时也实现了拓展。

慕课最终目的是帮助学生将学到的知识更好地运用到生活实践中，从而培养出对社会真正有用的应用型人才。实践拓展是课堂教学的延伸和拓展，可以采用的形式有学习/研究成果分享、知识/技能竞赛、社会实践体验等。成果分享主要是学生个人或团体将自己的学习感悟、研究成果等内容利用短视频、论文等形式上传到网络上供社会检验和学习。在这一知识创新和再创造过程中，学生能够不断加深对知识的理解，培养实践技能。学校和教师通过开展一系列的竞赛、实验、实践等活动，将活动的优秀成果计入学分、加入学时等形式，激励学生积极参与，从而在实践中不断提升知识应用技能和创新能力。例如对于外语类课程，可开展英语演讲比赛、英语情境剧比赛、担任兼职翻译等实践活动。

第二节 "互联网+"思维下大学英语微课教学模式构建

随着教育的不断发展，实现教育现代化、提高教学效率、促进我国教育事业的可持续发展已经成为教育工作者必须着重探究的问题。微课作为新时期以信息技术和网络技术发展为前提的新型教学方法，紧跟科学发展和时代发展脚步，结合现代科技实施现代化教学。

由于微课教学能够针对学生当前的具体情况以及大学英语教学内容、教学目标、课程结构设置有效的教学内容，更符合学生的学习需要和教师的教学需求，所以在大学阶段，微课教学已成为教师重点采用的一种教学方法。此外，利用微课教学还能够让学生成为学习的参与者和主导者，满足不同层次学生的学习需求。此外，在大学英语教学中应用微课教学，能够进一步实现教学课堂融合网络信息，为教学理念的进一步发展和更新以及实践提供更多有利条件。

一、微课教学模式的认知

"微课"是指在课堂教学的过程中，教师会把所有的注意力聚焦其中的一个知识点（例如课程的重点、疑点、难点）或者技能等专一的教学任务，并对其开展教学活动时所用的一种方法，这种方法有着清晰的目标、强烈的导向性、教学时间较短等特征。

微课的时间虽然相对而言比较短，但其组成成分比较完整，有主要部分和次要部分。其中的课堂教学视频是主要部分，是组成微课的重要部分，而视频的内容主要包括课堂教学过程中的难点和重点等主要内容，旨在拓展学生的思维，使学生掌握课堂所学知识的方式变得更容易、更有效。另外，上课前的教学设计和材料课件，课中和课后的测试练习、学生反馈、教师评价等都属于微课的次要部分，这些均是促进微课得到进一步提高的辅助性的教学资源，也是一个非常重要的组成部分。

只有核心部分和辅助部分按照一定的组织关系，有序、和谐地相互配合，共同构建一个半结构化、主题化的资源单元应用的环境，才能使学生的课程更顺利、更有效地进行。与传统单一的教学资源相比,微课的教学资源种类各式各样,但它们既有区别,又有联系。换言之,微课是以传统教学资源为模板,对其进行一些创新和开发而形成的。

(一) 微课教学模式的特点

第一,主题突出、内容具体。每个课程的微课,研究的主题只有一个,选择的主题要始终围绕着教育教学的具体实践,如突破教学难点、教育教学观点、学习策略、强调重点、教学方法等都可以作为研究的主题,同时也可以选用那些具体的、真实的问题。

第二,基层研究、趣味创作。微课的课程对课程开发人员的要求不高,基本上任何人都可以成为课程开发人员。此外,从课程研究与开发的目的来看,是帮助学生和教师紧密联系教学目标、教学内容和教学手段来完成教学。因此,创作的内容对于教师而言,必须是其熟悉的、有趣的、可解的问题。

第三,资源容量较小。微课视频的容量相对较小,其容量(包含辅助性资源)一般仅有十几兆。因此,微课视频不仅可以支持网络在线播放,还可以下载到手机上随时随地观看。因此,无论是教师在线观摩、评课,还是课后反思、研究都是极其方便的。

第四,教学内容较少。微课教学的主线为片段视频,主要对课堂教学过程中的某一学科知识点进行重点强调,而传统的课堂教学一节课需要完成的内容有很多并且比较复杂,相对而言,微课的内容就比较简单、准确、突出主题的速度快,更与教师的需求相适应。

第五,教学时间较短。微课的教学时间是依据学生的认知特点和规律来制定的。由于学生集中注意力的时间相对较短,微课的视频内容相对精确、简单,有着鲜明的主题。因此,其教学视频时间通常为5~8分钟。与传统教学相比,微课的教学时间确实非常短,因此也可以称之为"课例片段""微课例"。

第六,反馈及时、针对性强。微课的视频剪辑时间短。在短时间内,开展"无学生班"活动。参与者可以及时听到他人对其教学行为的评价,并获得反馈信息。但与正常的信息反馈相比,这种听课、评课更为及时,即根据当前内容及时进行反馈。因为这是课前小组的"预演",每个学生都可以参加。

根据教学过程中的主要环节而言,微课可分为:课前的复习、新课的导入、知识的理解、巩固练习、拓展小结。与教育教学相关的其他类型的微课有：说课类、活动类、实践类、班会课类等。此外，根据教学方法来划分，微课还可以分为：探究学习类、合作学习类、讲授类、讨论类、问答类、自主学习类、启发类、演示类、练习类、实验类、表演类等。此外，还需要注意：微课的分类标准不唯一，它可以对应一种类型的微类，也可以属于两种或两种以上类型的微类的组合。微课的类型不是固定不变的。随着现代教学理论的发展，教师的教学方法将不断创新，微课的类型将在教师的实践中不断完善。

（二）微课教学模式的设计

大学英语教师要适应信息时代的发展和教学模式的变化，必须学会自主设计和制作微课，在这个过程中，需要遵守以下规则。

第一，课程开始时，教师应向学生做自我介绍，使他们对教师有一个基本的了解。

第二，切记微课用户是学生，所以在设计和制作时，教师应该考虑什么样的知识和表现方法可以让他们更容易理解。

第三，在课程开始时，教师应向学生明确介绍课程的评价方法，使学生在学习过程中有证据，并根据本节课的教学目标进行学习。

第四，一个微课最好只讲一个相关知识点，所以时间不能太长，要尽量短，以抓住学生注意力的最佳时间，一般要求不超过 10 分钟。

第五，无论讲解什么样内容，即使很简单，也不要轻易跳过教学步骤。如果课程内容比较复杂，在必要时教师可以向学生提供提示性信息。

第六，为了给学生不同的活动留一个转入的空间和时间，在微课过程中要适当设置暂停，或者后续活动的提示。

第七，对于一些重要的概念，教师需要让学生有一个正确的、清晰的认识，对于它的基本概念和原理都要清楚；对于一些关键技能，也要清楚地告诉学生哪些时候能用，哪些时候不能用，应该如何用等。

第八，只有教师的讲解，会使师生之间的互动减少，并且传统教学模式的缺点也会继续保留。因此，在微课程上，可以允许学生适当提问，但要对所提问题的重要性做出合理安排。这样可以增强师生之间的互动，提高学生的思维能力。

第九，教师不容易说清楚的部分可以用字幕补充，但是不要长篇大论，增加学生的阅读负担，只需列出相应的关键词即可。

第十，当一个课程结束后，教师要进行适当的总结，要达到能帮助学生梳理知识学习的思路，强调知识重难点的效果。

第十一，留心学习其他领域的设计经验，从中找到可以借鉴的创意，进而找到自己的立足点，进行创新。

第十二，细节对课程的影响很大。教师处理好细节可以使整体工作看起来更加完美；反之，会降低微课程的效率。

此外，大学英语教师在教学过程中还要充分注意微课的细节，如鼠标不应在屏幕上晃动；字体和背景的颜色要很好地匹配；录制视频要安静、无噪声，保证学生在更好的环境中学习。

（三）微课教学模式的评价

微课的具体评价标准，可以包括以下方面。

第一，聚焦。在学习过程中，对于学生能够通过自主学习解决的问题，教师就不需要制作微课程了；而对于那些不经过老师讲解，通过自主学习无法解决的问题（如重点、难点或者易错点），是制作微课程的一个重要方面。

第二，简要。在传统的课堂上，虽然一堂课有40或45分钟，但学生真正专注的时间并不长。因此，要想使这种低效的教学模式有所改善，微课程应该准确把握学生注意力集中的最佳时间段，简单、明了地总结要讲的重点和难点以及需要重点强调的知识点，时间不得多于10分钟。

第三，清晰。微课程通常包含文字、图片、视频图像等很多形式的内容，其中包括视频内容的学术语言。要使学习内容清晰、完整地呈现在学生面前，达到良好的学习效果，就必须规范、合理、清晰。

第四，合理。技术的合理使用有助于提高学生的学习效率，但技术的滥用也会使学生的注意力有所分散，产生不良影响。因此，在技术选择上，应针对不同的课题选择合适的方法和途径，使信息技术得到合理的利用。

第五，创新。对教育结果有影响的因素有很多，如教育理念、教学模式、教学策略、运用技术等。因此，还应多角度考虑创新，使学生的学习兴趣得到激发，有助于学生对学习内容进行更有效的理解。

二、大学英语微课教学模式的优化构建

微课是大学重点推广和全面运用的一种教学方法，大学英语教师需要在教学中，充分掌握微课的特点内涵以及对英语教学工作开展的重要性和必要性，从而制定有效措施，提高自身职业素养和专业技能，实现微课在大学英语教学中的应用。

第二章 "互联网+"思维模式下大学英语教学模式的构建

(一)创新英语微课教学模式的设计

首先,大学英语教师应树立正确的微课教学观念,明确微课的教学目标,明确微课作为一种全新的教学工具,通过教师转变传统的教学理念,寻求正确的方式和方法,充分利用微课优势,使用计算机资源搜集相关信息,对信息进行整合设计,结合大学英语教学目标,将知识以更加新颖的方式传递给学生。

其次,教师应灵活运用多媒体技术,对英语教材进行深入研究,找出英语教学中的难点和重点,对教材内容进行分解组合,将每一个知识点进行有效串联,从而制作出符合学生学习需求的微课。

最后,教师应充分利用微课创设有趣的教学情境,立足学生的学习兴趣和英语教学目标,实现学生在"学中做""做中学"。例如,教师可以针对课前课程导入、课中学习以及课后复习三个层次,利用微课声音、图片、影像的方式创建相应情境,让学生在情境中,在不同的阶段进行英语知识的学习和理解。

(二)构建更加完善的微课教学模式

具体而言,微课的教学模式主要可以分为共享式的资源运用、网络化的教学实践以及多元化和全面的评价反馈。

第一,共享式资源运用。在大学英语微课教学中,大学英语教师应该充分掌握微课教学模式,对相关教学资源进行有效把握,将微课理解成为一种资源的整合。根据实际教学内容以及学生的学习需求,整合当前网络中的各种信息,通过截取后期制作的方式,使网络资源和教学内容实现有机结合。例如在进行语法教学过程中,教师可以在网络上截取合适的语法教学资源作为课件,通过学生当前的英语学习状况,根据不同的语法知识点收集不同的资源,使英语语法的呈现更加多样化、系统化、科学化、形象化和具体化,让学生在学习相关语法知识时有更多的参考依据,让学生能够在丰富的资源中进行英语知识的学习。

第二,网络化教学实践。立足于互联网大背景下的英语教学,使学生能够利用手机等智能终端应用学习软件,在这些设备的辅助下,让学生进行英语知识的学习,让大学英语知识的学习走出课堂,真正进入学生的课余生活中,甚至是学生今后的社会生活中。

第三,多元化和全面的评价反馈。"任何一种教学模式都必须实现信息的双向交流，具体到英语教学中，是指英语教师和学生之间的交流、教师对学生的评价、学生对教师教学方法的反馈和评价等，通过构建双向的信息交流，使评价更具多元性、具体性和科学性。"①

（三）提高教师微课运用的专业素养

微课教学不仅是一个简单的视频，还是融合所有对课堂教学有利的资源整合，英语微课在制作过程中必须体现出大学英语教师的专业素养。例如对"company"单词的教学，教师在制作微课时，可以分别对商号、公司、聚会、客人、连队、中队等不同的词义制定相对应的教学视频，只有专业的讲解，才能够凸显教育资源的积极作用，让学生更好的理解，促进学生的英语专业学习和英语实践。

总而言之，大学英语教学中，充分有效地运用微课教学方式非常重要。微课教学是创新大学英语教学方法的有效措施，教师需要设计精巧的微课课件，激发学生的学习兴趣，从而获得更好的大学英语教学效果。

第三节 "互联网+"思维下大学英语翻转课堂教学模式

一、翻转课堂教学模式的要素

翻转课堂是"互联网+"时代大学英语教学新模式，实现了以"学生为主体"②的全新教学理念。翻转课堂是对传统教学模式和教学方法的革新，通过知识传授与知识内化两个阶段的翻转，提高学生学习的主动性和学习效率；教师应把握翻转课堂的关键要素，准备富有创造力的教学资源和学习环境，组织多样化的课堂教学活动，通过学习分析为学生提供更有针对性的教学，充分发挥翻转课堂的优势。

---

① 王雁冰. 高校大学英语微课教学中存在的问题与对策研究 [J]. 高教学刊, 2018（24）: 132.

② 吕宁. "互联网+"背景下大学英语翻转课堂教学模式探微 [J]. 金融理论与教学, 2019（5）: 110.

（一）学习环境

翻转课堂需要由网络学习平台和学生学习终端组成的网络学习环境的支持。网络学习平台主要提供教师个性化推送和学生自主性选择学习资源、学生学习和在线测试数据收集和分析、师生和生生互动交流信息等功能。这是实施翻转课堂教学最基础的环境。学习终端主要是支持学生的微视频学习、在线测试和网络交流等功能。

（二）学习分析

在翻转课堂实施过程中，教师需要利用学习分析技术，对学生在课前在线学习产生的大量学习数据进行解释和分析，有效分析判断学生的学习问题，评价学生的学习进展，甚至评价学生的批判性思维、协作交流能力和问题解决能力等，以帮助教师设计和调整教学内容和教学过程。例如在学习过程中，教师发现某个环节或知识点被学生们反复点击的时候，要意识到这可能是一个对学生而言难以掌握的知识点，或者自己的讲解有问题，需要据此调整教学，重新录制视频。

（三）学习活动

课堂的学习活动是翻转课堂设计的核心部分。翻转课堂的有效实施需要建立在设计良好的学习活动的基础上。在翻转课堂教学过程中，新知识的学习过程已经在课前完成，取代了传统课堂教学中的教师讲授新知识的模块，给师生留下了更多的课堂时间，如何利用好课堂时间组织教学活动，促进知识内容，是决定翻转课堂是不是成功的关键。目前提及翻转课堂，大部分人都是集中在如何制作教学视频上，但实际上比视频更为重要的是课堂活动的组织。

翻转课堂教学活动包括小组学习活动、全班交流活动和个人学习活动，但以小组学习活动为主。翻转课堂教学活动涵盖了解答学生疑问、解决重点难点、课堂讨论、探究实验和练习巩固等多个方面，教师需要根据学科特点和学生实际情况精心设计课堂活动。翻转课堂需要良好的互动和有意义的深度学习。翻转课堂设计对教师的教学能力和综合素质有较高要求，教师需要在课堂中敏锐地发现多数学生存在的困惑，并及时解决。

二、大学英语翻转课堂教学模式构建的应用

近年来，文化教育开始强调"文化知识"和"文化素养"，进入了语言与文化并重的教学实践阶段。文化的复杂性是跨文化教学与语言教学最大的区别，在英语课堂上没办法操练和检验学习者的跨文化意识和能力，所以需要教师花很多时间讲解文化知识。解决这一问题，可以利用翻转课堂的模式，给学生足够的时间理解和消化。下面探讨大学英语翻转课堂教学中文化相关内容的应用。

（一）课前的知识准备

教师制作的每个课件尽可能控制在 5~10 分钟左右的讲解时间，制作成 PPT 演示文稿，配以语音讲解，教师录制播放，播放 PPT 时，即屏幕捕捉软件，选择一款录频软件，教师可以把以上内容进一步细化为若干个知识点。也可通过网络资源搜索相关视频短片供学生课前学习和讨论。一些英语词语意义及文化特殊性等，教师可以设计一些问题给个人或学习小组，学生可以通过微信或腾讯 QQ 等向教师或同学随时提出问题。

（二）课中的教学活动

对语言知识或文化的讲解，不再是课堂学习中的教学重点。教师对学生的课堂表现进行形成性评估，课堂内各种互动的课堂活动可以帮助学生对文化知识的吸收内化。教师在课堂上加深他们对文化内容的理解以及内容的内化，引发学生积极的思考，组织活动，对课前收集的问题进行有针对性的讲解，教师的角色是组织、协调、答疑。针对教师所提出的有关中国文化英语表达等问题，能帮助他们知识的内化和实践，提高学生学习的兴趣，鼓励学生用英语进行交流，创设一些具体的情境，教师可以运用情境教学法，或者针对某一问题进行小组讨论，在课堂上个人或小组用 PPT 演讲展示这些活动任务必须在微课视频里提前布置，最后教师再点评。

（三）课后的延伸学习

课后的阅读是必不可少的，历史文化背景和价值观是一个跨文化现象背后反映出的，需要学生深入思考和领会。教师布置相关主题的实践与拓展，应当根据课堂上学生展示和提问的情况，例如中国文化的主题和西方人交流等，学生自主搜集资料，课后扩展任务包括扩展阅读、专题写作等，教师点评，或者组员之间进行互评，这类应有的课后语言文化实践，具有十分重大的作用，

能够帮助学习者增强语言综合应用能力和提高跨文化交际能力。

大学英语翻转课堂给教师和学生带来了挑战，但也能使学生更加自主，使教师和学生传统的课堂地位重新定位。对英语教师而言，在拍摄和制作技术上还需要一定的教育技术能力，应当投入更多的时间，给学生提供更多的、优质的课前微课视频学习资源。对学生而言，能否独立自主完成学习任务，这方面的学习能力也需要增强。英语的学习，不仅要通过语言了解国外的民族、历史和文化，而且要用英语让国外了解我们的文化，而不仅是学习语言本身。

第四节 "互联网+"思维下大学英语的混合式教学模式

一、大学英语混合式教学模式构建的要求

（一）混合式教学学生的要求

线上教学，应用在教学中，使学生在学习时间、空间的选择上都十分自由，教师不能对学生进行有效的监管，只能凭靠学生在学习过程中的自主性。然而，大部分学生在线上学习的时候不能做到良好的自控与自律，往往会出现代课、缺勤、开小差等情况。如此一来，线上教学的实际效果将难以得到保障，给教师对学生学习的监管带来挑战，教师应该设法提高学生线上学习的自主性，提高线上教学的实效性。

（二）混合式教学团队的要求

教师还应不断地更新教案与课件，将教学与实时动态紧密联系在一起，使学生的学习需求得到满足。然而，每个学生的个性特征及兴趣爱好等存在一定的差异，所以教师对教学资源的整合就显得特别重要，教师应该尽可能地满足绝大多数学生的需求，为学生解答疑惑，将课程的趣味性与理论性有效结合。教师应具备较高的职业素质水平，能够将优质的教学内容通过科学的方式传授给学生，促进学生的理解，提升学生的学习效果。教师是线上教学的实施者、承担者也是受益者。教师应具有较高的专业知识和职业素养。教师首先应该掌握本专业内丰富的理论知识，其次，应加强慕课技术的研究

与掌握，最后，还应该提升自己的团队合作意识及能力。只有教师自身的职业素质水平提高了，才能使教学效果和质量得到保障，才能使学生在寓教于乐的学习中收获丰富的文化知识。

线上教师要同时满足四种角色职责：教学者、社交指导员、节目经理及技术助理。教学者的角色是要做学生学习的咨询、引导及提供学习资源；社交指导员的角色是要营造一个合作的学习环境；节目经理的角色是要对线上教学活动做组织、控制程序及行政支持的工作；技术助理的角色则要协助学生顺利操作线上教学的系统、设备，并解决学生所遭遇的技术困难。

在实践中，教师带领线上教学时，因应情境要分别扮演不同的角色；有的大学将网络课程的教学工作细分为：教材设计、教材制作、教学讲述、带领讨论、作业评量等项目，分别交给不同的人员来负责，所以可以将这些分担不同职责角色的人员给予不同的称呼，如线上助教、线上导师、线上引导者、线上评量者、线上会议主持人、线上活动主席等。在实务上，大部分大学往往没有可以聘用多个线上教学人员的优厚资源，大学教师对所有或大部分的线上教学工作都要一肩承担。因此，我们也只能称呼这些担任线上教学所有工作的教师为线上教师，并以所有线上教学带领应扮演的角色及担负的职责来期许线上教师了。

（三）混合式教学内容的要求

教学内容是课程教学的核心因素，教学内容的好坏对课程教学具有直接的影响。对此，英语慕课教学的过程中应对教学内容进行合理的编排，可以从以下方面进行安排。

第一，综合考虑课程内容的整体性、时间的安排以及知识点的完整性等，对知识内容进行合理切割。

第二，根据课程的逻辑关系，合理编排微课程，使学生能够以轻松的心态进行学习。

二、大学英语混合式教学模式构建的过程

（一）混合式教学模式构建前的准备

第一，安排线上线下教学活动。无论是线下教学还是线上教学，都不再是单纯的传授知识、技能，而是要以学生为主体，培养学生诸如信息处理技能、解决问题的能力与创造能力、学习能力、批判性思维能力、社会交流与

协作能力等多方面的能力。在此目标指导下，对知识进行划分，不同的知识与信息技术有不同的整合方法。在教授系统的基础知识时，也要大量借用网络教学平台的优质资源，深化学生的理解和掌握；应用知识以网络教学为主，以 BBS 或小组讨论的形式应用所学知识，通过师生或学生之间的教学交互，及时检测学生运用知识的效果。

第二，建设线上平台学习资源。较为受欢迎的教学资源有：导学、案例故事视频、在线自测、辅导课内容。应从这几方面建立相对应的教学资源。导学主要介绍该课程的主要内容、教学方法、学习方法、考试形式等；案例故事视频是利用信息技术，利用网络教学平台的优质资源，挑选其中与考试相关、重要的、新颖的案例，通过录屏、录播等编辑方式将其转化成可供灵活下载的视频；在线自测则是将重点、难点、考点转换成问题加以强调；辅导课内容主要是上课的课件，供没来的同学或没有听懂的同学反复观看。

（二）英语混合式教学模式构建的组织

1. 指导学生使用学习资源

基于信息技术的教学，改变了学生的学习方式，还要把对信息技术及资源的学习和应用考虑其中。对于开放大学学生而言，学习资源包括教科书和网上资源。对各类学习资源的使用，仍应充分发挥线下教学与线上教学的作用。教科书的指导和使用一般主要通过面授课完成，班级自建资源中的导学资源给予辅助。网上资源的使用虽以网上学习为主，但仍离不开面授课的指导，告知学生各类资源的分布设计，梳理出相关的重点资源。如讲解一个知识点，可以借助网上资源，在指导学生使用资源的同时，帮助学生加深对知识点的理解。

2. 恰当合理选择教学策略

教学策略是为了达成教学目的，完成教学任务，而对教学活动清晰认识的基础上对教学活动进行调节和控制的一系列执行过程。恰当选择教学策略对教师有挑战性，开放大学的对象是成人，在教学过程中会有突发情况的发生，教师要想恰当选择教学策略，就必须及时把握教学过程中的各种信息，及时反馈和调整教学的进程及师生互动的方式。教学策略有多种，没有一种适应任何情况的教学策略，要根据实际情况灵活应用。如在本课程的教学策略选择上，第一，采用导入策略，在每一章都通过创设情境，提出问题，激发学生的参与；第二，采用组织策略，因为仅仅呈现情境很难达到让学员互动的目的，要采用随机点名、分组的方式鼓励学生积极发言；第三，强调策略，尤其对比较枯燥的基础知识、基本原理的讲解，要一再强调在考试过程中可能会出现的考法，通过现场出题，让学生回答；第四，提问策略，尤其是在案例呈现过程中，每到一个故事发展的高潮点，就鼓励学生设想故事的发展，设想自己是主人公如何处理案例中碰到的问题，通过步步提问，由易到难，逐步吸引学生的参与。第五，及时反馈的策略，每次学生回答完问题，都要给予及时的肯定。

3. 组织开展学生小组讨论

建构主义强调有组织的协作会话，对于线上教学，组织性尤为重要，是信息技术与课程教学互动性双向整合向更高层面发展的关键。首先小组分组有讲究。要事先与班主任和班长沟通，对学生已有的知识、经验和能力有所了解，然后强弱搭配，挑选组织能力强的学生作为组长。其次小组讨论要有组织性。该课程的学生是新生，彼此之间不太熟悉，对网上平台系统也不熟悉，不容易产生互动交流，因此可在机房组织一次小组讨论，让学生之间彼此熟悉，方便教师的统一指导。然后小组讨论主题要有独创性。小组讨论在机房进行，以往很多学生会将讨论的主题直接通过百度等搜索引擎寻找答案，进行复制、粘贴，为避免这一情况的再度发生，在确定讨论主题之前要事先查看网上关于这一主题的资料，确保该问题还没有"标准"答案。最后小组讨论形式有待改进，随着信息技术的发展，可以通过微信、直播课堂、BBS等多种形式开展小组讨论，既紧跟信息技术发展步伐，又能方便学生的学习。

（三）英语混合式教学模式构建的评价

第一，巧妙设计在线测试。在线测试是非常重要的一种学习资源。随着信息技术的发展，在线测试已成为教学过程中实施形成性评价的有力工具，是信息技术与教学深度融合的又一举措。它可以让师生得到及时反馈，让学生了解自己对知识的掌握程度，让教师看到学生的学习情况，以及时调整教学。高校英语一般为闭卷考试，利用分校开发的在线测试平台，将历年考试和复习资料中的客观题纳入测试题题库，设置不同类型的测试题，每次测试题量少，可多次练习，及时反馈，充分调动了学生参与的积极性。

第二，注意收集评价数据。教学活动要尽量做到形成性评价与终结性评价相结合。形成性评价主要通过统计出勤率、访谈、座谈、活动小结等方式进行；终结性评价主要通过总校数据的统计结果、出勤率趋势、学习心得、满意度测评、考试合格率等数据来反映。评价数据的收集和分析，一方面离不开学校的学习支持服务；另一方面，大多数学生常用QQ和微信交流，这些网聊工具已成为收集相关评价数据的重要渠道，而且更能真实地反映学生的情况，是教学交互和教学评价的有效补充。

第三章 "互联网+"思维模式下大学英语教学的学习策略

信息技术的飞速进步实现着"知识社会"的梦想，知识社会的挑战在于培养人们的知识建构能力。知识建构不仅包含基本的学习，还蕴含促进学习的社会认知动力。伴随信息技术的应用，知识建构学习不断拓展，其模式也随之演进。总而言之，"互联网+"环境下的知识建构学习是以信息技术为依托的新思想和新知识的生成。基于此，本章主要探讨"互联网+"思维模式下大学英语教学的自主学习、"互联网+"思维模式下大学英语教学的体验学习、"互联网+"思维模式下大学英语教学的合作学习。

第一节 "互联网+"思维模式下大学英语教学的自主学习

"随着互联网在英语教学领域的渗透，自主学习越来越成为一种重要的方式。网络为自主学习提供了良好的支持平台，在网络自主学习中，学习者拥有了更多的学习主动权，可以根据自己的学习风格和需要选择学习内容、时间和地点，学习自然更加方便和高效。"[1]可以从横向和纵向两个角度来定义自主学习。横向角度涉及的是学习的各个方面，纵向角度涉及的是学习的整个过程。所以，大学英语自主学习指的是学生能够根据自己的实际情况对英语学习现状进行自我评估，通过信息反馈，确定英语学习目标、制订学习

---

[1] 黄燕鹏. "互联网+"背景下大学英语教学体系的反思与重建[M]. 成都电子科技大学出版社，2018：140.

计划、采取学习策略、监控学习进度，并在此基础上进行总结、评价和信息反馈的循环。

一、"互联网+"思维模式下大学英语教学自主学习的模式

学习者对学习的负责是自主学习的核心内涵。互联网作为一个多语言的媒体，为英语自主学习带来了空前的支撑作用。网络自主学习和传统自主学习的主要功能和服务模块是一致的。在网络自主学习中，只有学习者对学习足够负责，互联网提供的各种支撑条件才能发挥作用。

（一）真实的语境

第二语言的学习之所以困难重重，主要原因在于缺乏真实语言环境。学习一门语言时，只有浸润在该语言的环境中，不断接受该语言的刺激，才能取得较好的学习效果。当英语交流具备真实的语境时，才能达到良好的效果。在网络上学生可以通过浏览国外网站，参与英、美本国人的网络互动，如BBS或聊天室的讨论交流等形式，实现真实语境中的语言练习。这是课堂语言学习无法超越的优势，因为课堂内的语言操练大多是在假设的情境中进行，学生常常是为学语言而学语言，无法提高学习者的积极性。

（二）海量的网络学习资源

传统的学习资源总是有限甚至是匮乏的，难以满足全面深入学习的需要。但是，互联网可以提供文字、图像、音频、视频并茂的语言载体和超文本、超媒体等多种形式的信息输入，对学习者形成多种感官刺激。学习者除了搜索已经存在的信息资源之外，还可以通过电子邮件、网上论坛等方式直接向世界上最有权威的专家请教问题，以获取资源。形象化、立体化、生动化的学习资源，极大地激发学习者的学习兴趣和记忆力，提高学习效率。

（三）丰富的交互形式

网络可以实现形式丰富多样的实时交互。交互的方式有师生互动、生生互动和人机互动。学生可以利用网页技术、电子邮件、网上论坛、在线交谈等方式，实现教师和学生之间、学生和学生之间、学生和陌生人之间的信息反馈与交流。实时交互及其具有的实时反馈效果可以提高学习者的兴趣和效率。另外，网络的平等模式促进了师生之间的平等交流和协作关系的建立。而且学习者在进行在线英语交谈等语言输出过程时，还能降低自己的焦虑和紧张。

(四)智能化的学习监控

各种各样的智能学习软件、在线专家、测试工具及网络学习日志等,可以帮助学习者有效监控自己的自主学习进程,评价学习效果,进而改进学习策略,提高学习质量。

二、"互联网+"思维模式下大学生的自主学习能力培养

(一)学习动机的激发

由于在网络英语自主学习模式中,学生通常与教师处在时空分离的状态中,取而代之的是和电脑的面对面互动,这样学生容易产生心理上的孤独感和情感上的冷漠感,因此也就无法调动对自主学习的动机。另外,传统的接受式学习已经让学生习以为常,学习者习惯了对教师的依赖,这在一定程度上影响了部分学习者的英语学习动机。由于自主学习能力低而导致的自主学习的低效率又造成学习者自我效能感较差,这反过来影响学习动机,形成恶性循环。

网络本身的特性对提高学习者的学习兴趣具有良好的推动作用,为改善学习动机的各构成要素提供了前所未有的优势。而自我效能感等因素,则将依赖学习者的策略能力的提高得到相应的改善。自我效能感的改善又会使学习者的自主学习得到进一步的、自觉的继续和深入,这样就会形成互相促进的良性循环。

(二)学习者的训练

在网络自主学习中,教师的一个重要任务就是让学习者对自己的学习负责,并且改变学习者的一些观念、态度。学习者训练中所有方法的主要目标都是帮助学习者成为"更好"的语言学习者。目前的方法也往往把自主性发展看成这一目标不可或缺的一部分。很明显学习者只有能识别和使用各种合适的学习策略,才可能自己管理学习。他们不仅需要了解有效的学习策略,而且要能找到最适合自己学习目标和性格特点的学习策略。因此学习者训练的目的就在于提供给学习者各种选项,让学习者明智地决定他们学什么、怎么学、为什么学、什么时候学、在哪里学等。在一定的心理条件和策略准备的前提下,成功的学习者训练才可能实现。

第二节 "互联网+"思维模式下大学英语教学的体验学习

体验式学习模式在 20 世纪 80 年代提出,后得到了迅猛发展,对我国教学工作产生着重要的影响。在"互联网+"时代下,将体验式学习和网络相结合能够提高教学的有效性与多样性。大学英语体验式学习模式是英语教学改革与发展的产物,也是一种新型的英语教学方式。

体验式学习通过关注学生英语学习的动机,使学生在学习中获得一种心理和情感上的体验,并扩大积极情感在体验学习中的作用范围,从而提高教学与学习效果。体验式学习需要教师根据学生的认知特点进行教学情境的设计,从而呈现与还原教学的内容。学生在体验过程中建构知识,从而发展自己的能力、产生情感并最终生成意义。体验式学习尊重学生对知识的获得过程,体现出了教学的人文性。学生在体验式学习过程中并不是简单地获得知识,而是更加关注对经验的总结与反思,因此带有实践性与思考性。

一、"互联网+"思维模式下大学英语教学体验学习的特征

体验式教学主要是以外部事物对学生思维的影响度为出发点,采用相关情境呈现等方法,调动其语言学习的自主性和积极性,从而达到提高英语水平的目的。具体而言,体验式学习的特点主要包括以下方面。

第一,强调个体参与。体验式学习注重学生在做中学、在乐中学,因此产生积极的情感体验成为体验式学习的重要特征。这种学习方式强调个体的参与性,注重学生情感体验的获得。因此,教师需要以此为根据设计丰富多样的教学情境,从而激发学生的学习兴趣,让学生获得愉快的学习感受。

第二,强调真实语境。体验式学习主张将学习活动置于真实的语言环境中,学生在这种场景中感知自身角色,学习一系列与生活相关的语言知识。

第三,注重学习者对经验的获得与利用。体验式学习把需要熟悉的未来场景引入学习者的视线。学生通过场景的反复模拟,能够积累自己的生活与

第三章 "互联网+"思维模式下大学英语教学的学习策略

交际经验。这种知识的积累带有乐趣性,能够使学生产生积极性与主动性。

在信息技术日新月异的发展下,将大学英语教学与网络相结合也引起了众多教育工作者的关注。体验式网络学习主张以学习者为中心,通过真实或虚拟事件使学生获得知识。

体验式网络学习与传统英语学习方式相比更加重视主动经验的生成,因此是一种带有主动性的学习方式。在学习的过程中,学生可以进行人格塑造,对自己的心智和潜力也有重要的挖掘作用。通过积极有趣的体验,学生会认识到知识的重要性,树立正确的价值观、人生观,提高自身对环境的适应能力与明辨是非的能力。

二、"互联网+"思维模式下大学英语教学的体验学习模式

"互联网+"下的大学英语体验式学习模式能够通过不同的文本信息、虚拟形式、音频对话等与学生进行交流,从而丰富学生学习的体验。下面对体验式网络英语学习的设计与实施的注意点进行总结与分析。

(一)对"中介语"理论的借鉴

中介语理论是英国语言学家塞林克尔在20世纪70年代提出的第二语言习得理论。中介语是二语学习者独特的语言系统,它处于本族语和目标语的中间状态,并随着学习的不断发展而不断向目标语靠拢。首先,中介语具有系统性。每一门正式的语言都有着系统的特征。外语学习者头脑中存在一种"内在大纲",它被认为是人脑中的"认知结构系统",这个大纲规定着一些程序,对输入的信息进行处理。中介语假说使人们有可能揭开"内在大纲"的神秘面纱。其次,中介语具有动态性。中介语随着学习者的努力和交际需要而不断变化,逐渐由母语到达外语。假设中介语为一个连续体,那么学习者在某一特定阶段的中介语可以用连续体上的某一点表示。中介语的动态变化性导致了它的复杂性。中介语不是直线发展的,是在尝试—犯错—纠正—犯错的循环往复中,逐渐摆脱错误的语言使用规则而向着正确的方向转化。最后,中介语具有独立性。中介语不同于母语和外语,也不是外语来自母语的干扰而形成的混合体。因为中介语常常反映出学习者运用某些规则去解释外语中固有而不规则的语言现象。

语言输入到输出间存在一个过渡。教师以适量的"强制输入"带动学生学习,并完成适量的"强制输出",达到对"中间语"抽象规则的渗透和修改,使之向规范的目的语靠近。

（二）网络平台的建设尝试

为了使语言学习能突破时空限制，弥补课堂教学不足，西方率先提出通过构建网络平台实施体验式学习。良好的英语学习网络平台的建设应该遵循以下原则。

第一，学生参与原则。教师要相信学生的自我管理能力，发动学生参与网络管理，密切关注网络构架的合理性，以便教师能统筹安排。

第二，契合学生特点原则。首先，要根据学生的语言水平，提供难易度适中的材料，如果材料难度过大，学生可能对网络平台失去兴趣，从而退回虽枯燥但"安全"的路线。其次，依据学习者个体差异，设置不同难度的任务，使每个人都有体验成功的机会。

第三，通畅原则。首先，平台的界面要友好，内容丰富有趣但不冗杂；其次，易于操作，以便体验者把精力和时间尽可能多地投入体验过程。

第三节 "互联网+"思维模式下大学英语教学的合作学习

互联网+合作学习模式就是依托于互联网进行合作学习模式的教学，合作学习模式主要依托于构建主义原理，重视学生的主体教育地位。在这样的模式教学下，学生可以通过学习小组的形式进行教学内容的研究与探讨，并在实际交流中分工协作，获取知识的同时也锻炼了学生综合能力，教师将团体成绩作为评价标准，而互联网的加入丰富了合作学习模式的教学内容，使其具有开放性、探索性、交互性、综合性以及多样性等特点，让学生根据自身的学习爱好和学习需要进行自主学习内容的选择，自主发现问题、解决问题，强化了合作学习模式的作用，提高大学英语教学的质量和效率。

合作学习主要是学生为了实现共同任务的目标，有序地进行责任分工的一种互助性学习，积极引导和鼓励学生为了集体利益与个人利益进行协作，在完成任务中不断地进行自我完善、自我优化以及自我发展，实现合作学习的目的。在实际的应用过程中，合作学习属于一种结构性学习策略，一般由教师进行分组，每组成员在2～6名之间，通过合作与互助的形式进行学习

第三章 "互联网+"思维模式下大学英语教学的学习策略

活动的实施与开展，提高整体成绩，保证以组为单位的小组学习水平。互联网+合作学习模式在大学英语教学中的运用如下：

一、"互联网+"思维模式下大学英语教学的合作学习内容

在大学英语教学的过程中，教师要积极引进互联网+合作学习模式，通过网络资源丰富教学内容，在大量的网络信息资源中进行筛选，选择有效、积极的信息内容作为教材内容的延伸，教师对其进行整理，应用在课堂教学中，利用腾讯QQ等上传到班级群中，让学生根据自身的兴趣爱好和学习需求进行下载。

二、"互联网+"思维模式下大学英语教学的合作学习过程

在大学英语教学中，教师要通过互联网不断完善课堂教学过程设计，构建动态课堂教学。首先，学生、教师、教学资源要呈现出多元互动教学状态，开展合作学习活动。例如在《Belief》教学设计中，教师要以"belief"为主题，组织个人英语演讲活动，让学生根据自己的理解和切身经历，谈一谈信念。学生演讲后，教师要组织学生代表对其演讲内容进行评估，进而评选出"最佳演讲人"，深化教学内容的同时也提高了学生学习英语的积极性和主动性，并通过师生与生生间的交流，提高学生语言运用能力。

三、"互联网+"思维模式下大学英语教学的合作学习活动

在大学英语教学中，可以通过网络通信技术实现学生课后的辅导、测试与教学管理。在课堂上，教师要向学生提供学习资源网站，鼓励学生在课后时间上机练习，通过网络测试平台检验学生的学习成果，学生也可以在网络平台中进行互助学习，延续课堂中的合作学习交流，借助网络平台实现课堂教学内容的深化。另外，教师可以利用微博、腾讯QQ、微信、聊天室等通信平台实现课后一对一或者是一对多指导，有计划地进行单元测试，了解学生实际情况，进而不断提高大学英语教学的有效性。例如，教师可以通过互联网实现互动助学，学生自主建立学习小组，利用互联网平台创建语言学习与交流平台，补充了课堂英语交流不足的现象，并作为一个解答疑惑的平台，强化教师的指导，实现互联网+合作学习模式的作用和预期效果。

综上所述，互联网+合作学习模式的应用可以有效提高大学英语教学的有效性，并作为一种新型的教学模式，通过互联网平台将课上与课下、教师

与学生紧密地联系在一起。"在实际应用的过程中,要将互联网+合作学习模式贯穿到教学内容、教学过程、教学活动中,进而形成完整的大学英语教学体系,提高学生学习英语的积极性和自主性,实现大学英语教学的目的。"[1]

---

[1] 曹雪.互联网+合作学习模式在大学英语教学中的应用研究[J].知音励志,2016(10):32.

第四章 "互联网+"思维模式下大学英语教学的具体内容

高校英语的教学内容是培养学生的英语综合应用能力,特别是听说读写译能力,使学生在今后学习、工作和社会交往中能用英语有效地进行交际,同时增强其自主学习能力,提高综合文化素养,以适应我国社会发展和国际交流的需要。基于此,本章主要探讨"互联网+"思维模式下的大学英语听力、口语、阅读、写作、翻译教学。

第一节 "互联网+"思维模式下的大学英语听力教学

一、大学英语听力教学的认知

(一)英语听力教学的特点

通常一个班级的学生来自全国各个地方,学生的听力水平参差不齐。有些学生听力基础差,没有掌握正确的学习方法;有些学生的语音语调存在很大问题,因而很难听懂正常语速的听力材料甚至已经学过的常用词,当然也有一些学生英语水平很高,比较容易听懂听力材料。在听力水平不同的情况下,使用相同的教材和教学方法,使得听力水平低的学生不想学,教师难以授课,也就达不到提高高校英语听力水平的教学目的。"高校英语听力教学内容较为广泛,不仅包括语言知识、文化知识,还包括培养学生对听力策略的掌握和运用。"① 目前，一些学校尝试打破原有的以院系为单位的班级，将学生听力水平分成提高、普通和预备三个层次，有针对性地选择授课内容和授课方法，更好地贯彻因材施教的原则。

（二）英语听力训练的策略

1. 选取多元化听力材料

在选择听力材料时，教师既要结合教学实际的需要，也要结合学生现有的能力和兴趣，还可以让学生在课堂上以英语游戏的形式参与活动，循序渐进地进行练习，最大限度地挖掘他们的潜在能力，发挥他们的主观能动性。

在多媒体教学环境下的今天，教师可以播放英文电影、教学情境对话、英文歌曲或演讲，通过增强听力内容的趣味性、实效性，适当引入一些流行元素，提高学生的英文水平。英文电影作为一种直观、形象、生动的方式，越来越受到学生的青睐。英文电影有吸引人的剧情，让学生身临其境，有些情节非常具有趣味性，影片中的英语不再是让人望而生畏的语言，而变成妙趣横生、充满生机和活力的实践。每周增加一点这些内容，并在人机对话中让学生学唱英文歌曲，进行英文电影配音，这将提高学生的英语学习热情和积极性，从而使其在轻松愉悦的氛围中提高英语听力水平，并且对提高学生的口语表达能力也非常有帮助。

2. 精听与泛听有效结合

精听是"精确听力练习"，要求学习者在听力练习中捕捉到每一个词、每一个短语，不能有任何疏漏和不理解之处；而泛听是要求学习者在听力练习中以掌握文章的整体意思为目的，只要不影响对整体文章的理解，一个词，一个短语甚至一个句子听不懂也不影响。精听和泛听可以结合练习，如某一篇文章中有几段可以用精听的方法练习，在练习的过程中准确无误地听到某些细节性的信息，有几段可以用泛听的方法了解文章的梗概。

二、"互联网+"思维模式下英语听力教学方法

互联网技术下，大学英语听力教学不仅有助于提高教师的教学效果，也有助于提升学生的听力水平，这可以为学生的英语听力教学带来广阔的空间。当前，我国英语教学提倡的是自主学习，是以学生的主体地位为前提的教师

---

① 李红霞. 高校英语教学研究[M]. 天津：天津科学技术出版社，2017：32.

进行指导、学生主动参与的学习，而不是没有教师指导的完全意义上的自学。因此，互联网技术下的大学英语听力教学不能忽视教师的作用，否则就不能取得应有的教学效果。利用互联网技术培养学生的听力能力，教师可从以下两个层面着手。

（一）建构听力学习环境

听的本质是一种交际活动，学习成功与否的关键因素在于学生。基于这两点考虑，在听力课堂上，教师应该充分利用现代信息技术，为学生构建良好的自主学习环境。具体来说，教师应该做到以下方面。

第一，为学生创建丰富的、真实的、有助于听力理解的交际语境，使学生犹如身处真实的语境中听一样，使他们能够感受到听的实用性，进而增加学习的兴趣和热情。

第二，利用多媒体资源丰富听力教学，激发学生的学习兴趣。

第三，选用真实的听力材料，这样一方面能够增强学生对学习内容的认同感；另一方面也能使学生接触地道的语音、表达，有助于学生在日后实际的对外交往中听得更准。

第四，设计与真实语篇相关的课堂活动，采取小组合作的教学活动，从而减少学生对教师的依赖感，减少学生的焦虑情绪，使学生在合作交流中碰撞出思想的火花，增进学习的主动性。

第五，为学生提供合作互动、沟通交流的机会，使学生在参与中逐渐掌握学习的方法，找到学习的乐趣，增强学习的动力。

第六，教授学生一些对所听内容进行评论、提问的反馈语，如"Really？""I don't think I understand you.Could you say that again？""I beg your pardon."等，使对话继续下去。

（二）培养听力自主决策能力

在互联网环境下，学生听力自主决策能力的培养要注意以下两方面。

第一，学习并掌握获取信息的硬件知识。只有掌握了现代信息技术的操作技能，学生才能实现与老师或者同学通过网络技术的实时交流。

第二，要培养掌握、收集、整理、利用信息的能力。学生要能根据教师布置的学习任务，借助现代信息技术自行搜索、采集信息，对获取的信息进行分析、整理，并充分利用这些信息提高语言能力。此外，还要通过现代信息技术，让学生对自身自主学习的效果进行评价。

总而言之，借助互联网技术所提供的网络化虚拟课堂，学生的角色发生了转变，他们从知识的被动接收者转为听力理解过程中意义的自主建构者。他们以自己的整个身心去感受听力语篇中呈现的各类信息，同时，借助互联网将自己的观点与思想生动地传达出来，主动参与学习交互活动，培养了自主学习的能力。

第二节 "互联网+"思维模式下的大学英语口语教学

一、大学英语口语教学的策略

（一）纠正学生口语发音

在高校英语的第一堂课，教师应向学生阐明正确发音的重要性，即标准的发音是一个人英语口语素质的基本体现，并且督促学生积极纠正，在课下同学之间互相帮助，互相监督。教师也应该帮助学生总结一些极其容易出错的发音在课堂上有针对性地指出，让学生引起足够的注意和重视。教师可以安排学生课下做一些他们感兴趣的原声材料模仿练习并要求在课堂上进行展示，如电影对白、演说词、诗歌朗诵、英文歌曲等。学生通过模仿不仅可以纠正每个单词的发音，也可以有意识地去学习纯正的语调及地道的表达方法，从而增加对英语的语感。

（二）提高学生运用英语思维能力

第一，鼓励学生掌握尽可能多的词组。在高校英语教学中，单词的学习，不能占用太多的课堂时间，而应该成为学生自主学习的一项主要内容。学生应以词组为单位，尽可能多地掌握词组。教师为了引导学生，可以在课堂上适当地加入词组接龙竞赛之类的游戏，要求学生按顺序将自己所掌握的词组写到黑板上，这种方法一方面可以活跃课堂气氛；另一方面也可以提高学生记忆词组的积极性。

第二，背诵文章讲故事，培养语感。学生通过背诵短小精悍的文章，可以缓解畏难情绪，激发他们的兴趣，更重要的是培养了他们的语感。在跟读一朗读—背诵三部曲的练习中，学生提高了他们的断句能力和理解能力。无论是什么样的材料，只要是地道的英文，难度符合学生的水平，内容是学生感兴趣的，坚持背诵，都能提高学生的语感。

二、"互联网+"思维模式下英语听力教学的开展

传统的口语教学已经很难满足当前时代发展的需求，因此基于互联网技术的口语教学应运而生，并在当前的大学英语教学中起着重要作用。互联网环境下大学英语口语教学该如何展开，具体来说，教师可以从以下方面着手。

第一，课外教学与课内教学紧密结合。大学英语课时是有限的，因此仅仅依靠课堂是远远不能满足学生需求的，还需要对一切可以利用的环境加以利用。课外教学是课内教学的补充和延伸，教师开展丰富的第二课堂活动，结合课堂内容组织学生展开课外活动，如英语演讲、短剧表演、作文比赛、举办班会等，同时教师让学生拍摄成视频，在多媒体教室中进行播放，其他学生根据他们的表演情况进行评判，从而取长补短。另外，教师还可以邀请一些外籍教师做专门的讲座，创办专门的英语期刊、设立英语广播等，让学生体会到口语学习的乐趣，更加热爱学习。

第二，注重网络测试与实施人机对话训练。"互联网+"下的口语学习涉及学生自我测试评估口语水平、人机交互口语练习、教师布置和批改口语作业等。教师在课堂上给学生布置预习任务，让学生通过网络搜索或者下载进行自学。

第三，注重过程评价与教师科研相结合。教学与科研是同步相关的，教学对科研有促进作用，而科研又指引着教学。在教学过程中，教师根据学生的总结性评价和过程性评价的结果，再结合教学过程中的问题，撰写日志，并改进教学方法，从而提高教师的科研能力。

三、"互联网+"思维模式下英语听力教学的方法

教师在英语教学过程中还可以多采用以下教学方法。

（一）影视教学法

科技的进步使信息技术、互联网技术得到了迅猛发展，这就使英语口语教学过程中应用影视教学法成为可能。英语原版影视具有强烈的视觉冲击力，文化性与故事性强，能够降低学生的学习焦虑，并从视、听、说等方面将学生的积极性与注意力调动起来，提高其认知能力与理解能力，达到寓教于乐、

陶冶情操、拓展思维的效果。因此，应充分发挥影视教学法在提高学生的英语口语能力方面的作用，使学生更加深入地参与到课堂教学中。一般而言，将影视教学法应用于大学英语口语教学中时应从以下方面入手。

第一，教师在选择影视资料时，应以不同的教学目标、学生的现有英语水平以及影视资料的难易度等作为主要依据，要使所选择的影视资料既有利于既定教学目标的实现，又与学生的英语水平相适应，既不会过于简单，又不会难度太大。此外，影视资料的内容要体现英语国家的文化特征，以帮助学生拓展视野与思路。

第二，教师应在课前对影视资料进行适当剪辑，并据此来设计相应的口语练习。例如，如果选用电影中的湖泊情境的教学，可将 Leo 带儿子 Siggy 到码头教他潜水的两分钟资料剪辑出来，并采取以下教学步骤。

第一步，向学生介绍影视资料的主题，即 The Lake Scene。

第二步，向学生介绍影视资料的主要情境，即 "Leo is teaching Siggy how to do something."

第三步，为学生介绍活动中可能用到的动词。

第四步，将学生分成两人一组，安排一人担任观看者，另一人担任倾听者。

第五步，为学生讲解任务要求。具体来说，观看者只负责观看，应放下耳机或塞住耳朵，及时记下与所看到动作相对应的动词，并对面部表情、手势、体势等非言语交际和情境给予特别关注。倾听者则需背对屏幕，只靠耳朵来捕捉信息，并及时记录下一些关键词。

第六步，为学生播放影视资料，可多播放几次，以保证学生尽自己最大努力来完成任务。

第七步，安排学生在组内互相交流获得的信息，即由倾听者表述自己听到的信息，由观看者表演自己看到的动作。

第八步，由各组轮流为大家表演。

第九步，再次播放影视资料，全体同学可以同时听和看。

第十步，教师对影视资料进行讲解，对同学的表现进行点评、分析与指导。

此外，教师在课前可将一些准备工作交给有能力的学生，如安排学生辨别语音、语调，查找、核对影视资料中的生词熟语或者编辑视频资料。这不仅能有效调动学生的学习热情，还能将学生的特长发挥出来，从而达到满意的教学效果。

（二）移动技术教学法

移动通信技术不仅为人们提供了一种丰富、生动且不受时空限制的信息交流方式，其在语言学习方面的提高学习效率、丰富学习交互、扩展学习时间等优势也逐渐显现。因此，越来越多的学者开始关注如何将移动技术与大学英语教学，特别是口语教学进行有机结合，并从多个角度对这种新的教学方法进行界定。在大学英语口语教学中采取移动技术教学法可为学生的口语练习提供全方位支持，丰富学生与英语的接触机会，并实现课内与课外的相互连接。

1. 课前学生自学

在课前，教师对本单元的文化语境、相关知识点进行综合考虑，并据此制作长度适中的音频或视频短片，通过播客传递给学生。学生通过移动设备取得音频或视频文件后，可根据自己的实际情况安排选择适当的时间、地点进行自主学习。在这一过程中，学生应完成相应的选择题或录音形式的口语作答，这有利于教师了解他们的学习情况。此外，课前的活动还能引导学生激活已有的背景知识，并事先进行充分的口语练习，有效降低焦虑、自卑、害羞等带来的负面影响。

2. 课中教师讲解

由于学生已经在课前对相关内容进行了自主学习，对知识点已有所熟悉，因此教师的讲解主要集中在一些重要的词汇、句式与语法项目上，讲解过程也不会像传统课堂那样枯燥。教师可在讲解过程中再次为学生播放音频或视频资料，从而使学生将所讲知识与语言材料结合起来进行理解。一般而言，教师可采取以下三个步骤。

（1）教师先讲，学生后练。

（2）教师先做示范，学生及时领会。

（3）教师提问，学生回答。

在这三个步骤中，学生可以进行大量的口语训练活动，从而深化对材料的认知程度。

3. 课堂上的互动

课堂互动可采取生生互动、师生互动等形式，旨在引导学生在具体语境中对语言进行灵活运用。需要注意的是，教师在设计互动活动时应坚持由易到难、由浅入深的原则，将机械性练习与灵活性练习、创造性练习与半机械性练习、高难度练习与可接受性练习相结合。课堂互动能创造愉快、轻松的学习氛围，为每位学生提供参与机会，有效弥补大班上课的缺点，使一些害怕开口的学生也敢于进行英语交流。需要特别说明的是，学生在参与互动活动的过程中可以随时通过移动设备来查找相关信息，使移动技术真正成为口语教学的得力助手。

4. 课后移动式合作学习

课堂教学时间往往是有限的，只能引导学生对新知识进行初级的认知与练习。要想在真实情境中对语言进行更深层次的运用，则必须依靠课后的时间。教师可以以本单元的主要内容与知识点为依据，为学生安排开放式的真实任务，以此来引导学生通过合作方式进行口语交际，使他们在探索语言运用方式的过程中拓展新知，并在发现问题、分析问题、解决问题的过程中培养创新思维。

为保证每位学生可以顺利完成任务并在任务的完成过程中有所收获，教师可以学生的课堂表现为依据进行分组。具体来说，教师可用短信的方式通知学生分组情况与具体任务，使他们的合作学习得以顺利开展。学生在完成任务时可充分利用移动技术进行沟通，使生生之间、师生之间保持信息的通畅。学生可将自己的任务上传给老师，教师则可在阅览后进行及时回复并给出适当建议。

需要特别说明的是，形成性评价贯穿整个课堂内外的教学和学习活动过程中。及时的形成性评价能够使学生了解自己的学习状况并得到有针对性的指导，从而增强自信心、获得成就感。学生之间的互评则将学生由被动的接受者变为主动参与者，不仅提升他们的成就感与归属感，而且有利于调动他们的积极性。此外，教师将学生完成的口语录音存入相应的电子档案袋，对于教师客观观察学生在一段时期内的学习变化情况十分有利。

第三节 "互联网+"思维模式下的大学英语阅读教学

一、大学英语阅读教学的策略

(一)采取语篇教学方法

语篇分析理论主张把文章看作整体,从文章的层次结构着手,引导学生注重句子与句子之间的衔接、段落与段落之间的过渡,使学生在语篇基础上掌握全文,从而提高理解能力。在高校英语阅读教学实践中,运用语篇教学法进行教学的主要环节如下:

第一,围绕文章标题,预测文章内容。文章标题是文章内容的总概括,通过对文章标题的分析,可以有效地预测阅读材料的语篇类型及题材。在此过程中,教师可以围绕标题提一些启发性的问题,不仅有利于预测文章内容,而且为下一步导入文化背景做好了铺垫。

第二,导入背景知识,进行体裁和语篇分析。体裁是文体分析的三个层面之一。体裁分析是语篇分析的一个方面。要让学生学会比较不同的体裁所达到的不同交际效果,就必须在教学中及时导入相应的文化背景知识,只有让学生充分了解不同文体的特点,认识不同文体的结构,才能有效培养学生运用正确的阅读方法来进行阅读的能力,从而提高阅读效果。

第三,抓住主题句,利用信息传递及组织模式把握语篇中句子和段落中心,并进行必要的语法、词汇衔接手段分析和意义连贯推理。例如用表示时间顺序、地理方位、因果关系等逻辑概念的"过渡词语",以达到文章的连贯性和黏着性;运用"语法纽带"即通过使用省略、替代、照应等句法手段达到承上启下的效果。

(二)传授快速阅读技巧

第一,跨越生词障碍。跨越生词障碍可以通过猜测词义来解决,猜测词义的方法有很多,如根据语境、定义标记词、重复标记词、列举标记词以及同位语、同义词、反义词或常识等。但这些方法都离不开两个方面:一方面是学生的文化修养,即语言、文化素质;另一方面是通过全局识破个体的能力，这就要求学生要不断扩大自己的知识面，懂得社会、天文、地理、财经、文体等科普性知识。

第二，浏览所提问题，带着问题读文章。一般而言，作者根据自己的意图和思维模式，通过一定的语言手段，把分散的、细节的、具体的材料组织在一起，在训练或测试中，命题者往往采用多种方式进行提问，有直接的和间接的，但无论如何，命题范围和思想基本与作者一致。学生应先了解问题的要求，带着问题和所需的信息去查询，以提高阅读速度。

二、"互联网+"思维模式下英语阅读教学方法

互联网环境下大学英语阅读教学并不是让学生漫无目的地搜索和浏览，如果没有教师的准备、指导与评价，学生很难通过互联网来提升自己的阅读兴趣和能力。因此，"互联网+"下的大学英语阅读教学离不开教师的参与。具体而言，教师可以从以下方面做起。

第一，科学合理地选择阅读材料。英语阅读本身属于一门训练技巧的课程，学生需要通过大量的阅读练习来掌握技巧。因此，科学合理地选择阅读材料是最关键的部分。在互联网环境下，材料内容需要与课堂贴近，成为课堂内容的一环。在阅读课堂开始前，教师应该让学生提前搜索一些阅读材料，培养学生网上查询资料、获取信息的能力。之后，教师对学生寻找的资料进行仔细阅览，并将这些资料介绍给学生，要求学生以小组的形式进行交流。最后，教师要求学生做总结报告，教师根据学生的报告给予一些口头的评价。

第二，发展网络互动优势，激发学生的学习兴趣。基于互联网的大学英语阅读教学提供了一个广泛的互动平台，让学生广泛参与其中。通过互联网提供的空间，教师和学生可以上传学习资料，实现资源的共享。在具体的教学中，教师需要根据教材目的来建设一个网络阅读资料库，将教材中的重难点置于网络上，并且补充一些课外知识，以帮助学生理解和掌握。另外，为了避免学生出现乏味，教师应该将互联网的优势发挥出来。也就是说，教师在学习资料中添加一些图片、漫画、视频等，在字体、排版上也凸显一些特殊的地方，让学生一目了然，并且能够吸引学生的注意力。

第三，积极地开展课后拓展阅读。在课堂阅读的基础上，教师应该积极地开展课后拓展阅读，并着重学生阅读与动笔练习的结合。通过长期的训练，学生在阅读中能够快速集中注意力。教师在引导过程中，可以根据教材各个单元的内容来开展活动，如可以要求学生从自身感兴趣的话题搜索，整理并

做书面报告，进行演讲比赛。通过这些活动，学生不仅可以对各个单元的内容有一个很好的掌握，还能够锻炼写作和归纳能力。

第四节　"互联网+"思维模式下的大学英语写作教学

一、大学英语写作教学的步骤

（一）指导学生写作过程

1. 明确审题立意

审题是写好一篇文章的第一个且最重要的环节。文章是否切题就看学生是否认真审题，是否能明白题材的写作要求。高校英语写作都会给出提示语，甚至是作文题目，学生必须围绕所给提示语或题目展开论述。因此，审题并理解题意很有必要。学生在拿到作文题目之后，先要仔细阅读题目，认真审阅写作部分提供的说明与要求，再确定相应的体裁，如议论文、说明文。议论文主要是权衡利弊或就观点进行反驳等；说明文主要是阐述主题或提出解决问题的方案等。教师可以对学生进行提问，了解他们的审题情况。通过审题，学生明确文章的中心内容，从而达到审题立意。

2. 列出写作提纲

在确定中心思想之后，学生需粗拟一个提纲。提纲是文章写作的计划，也是一篇文章的基本框架。提纲可根据文章的结构列出。文章是由引言段，正文部分和结论段三部分组成。引言段揭示主题；正文部分从不同的角度对主题进行阐述；结论段对全文归纳总结。

3. 修改与整合

文章写完后，学生应认真通读一遍全文，修改明显的拼写错误，以及一些语法错误，如时态、语态等。为确保句子的正确性，尽量避免语法结构错误，这一过程虽不能针对例题、结构、修辞等方面进行全方面考虑，但对个别词汇、语法、拼写错误稍加改动也很有意义。除学生与教师修改外，还可以进行学生之间的互改互评。然后教师再进行批改、讲评。讲评的重点放在文章的结构与内容上。

（二）掌握写作教学技巧

第一，词汇根据不同的语境或上下文，学生需选择恰当的词语。在写作的时候，首先必须保证选词的正确性，根据所需表达的具体含义，选择最为恰当的单词。在考虑相同的意思时，同一词语在一篇文章中最好不要重复出现，而应考虑使用其他同义词或近义词替换，可以选择一些具有一定难度的单词进行替代，恰当地使用高难词汇有助于提高写作层次。

第二，句型在写作中，除了词汇可以丰富多彩外，还可以使用不同的句型结构。通常而言，学生在写作过程中受自身的知识和时间等方面的影响，在句式变化上未能深入地思考，以致出现行文呆板、不够灵活。在英语写作中，有很多的特殊句型都可以运用在写作中，可以让学生多使用典型句式，适当运用成语和谚语，恰当使用一些平行、对比结构。

第三，结构衔接。在写作过程中，要使句子或段落之间的衔接紧密，需用一些关联词来连接，这样才能使文章自然、流畅。关联词可以连接段落或句子。段落是文章中最基本的单位，它表明了全文的结构层次。写作时一定要段落清楚，有开头、主体和结论三部分，全文需分段撰写，而句子又是构成段落的基本单位。如何将它们有机地组合起来，这就需要使用过渡性的词语，并根据关联词表示的逻辑关系不同选择关联词。

二、"互联网+"思维模式下英语写作教学方法

"互联网+"下的大学英语写作教学有助于激发学生的写作欲望，让学生快速掌握写作模块，规范自己的写作语言，从而完成写作学习。因此，"互联网+"的相关技术是大学英语写作教学的重要拓展手段。

（一）利用计算机文字处理程序辅助写作

利用计算机文字处理程序辅助大学英语写作，代替原有写作形式。

第一，计算机文字处理程序具备对标点、拼写、大写、小写等进行检测的功能，因此为学生提供了十分便利的工具。

第二，"拼写与语法"功能能够使学生降低拼写错误，并查出一些简单语法上出现的错误。

第三，"编辑"功能使句子段落的连接、组织、转移等变得轻松，写作者可以通过添加、剪切等手段来修改文章。

第四，有的计算机文字处理程序还带有词典，因此学生可以迅速查询词的意义和用法。

总而言之，计算机文字处理程序的功能一定程度上减少了写作的重复劳动，节约了很多时间。因此学生能够花费更多精力在写作上，增强了他们对写作的兴趣和积极性。

（二）倡导学生运用互联网技术支持写作

互联网技术的出现打破了时空的限制，实现了资源共享，是对英语教学资源的补充。将互联网技术引入大学英语写作教学中，让学生上网搜索相关信息，进而对检索的信息进行分析和探讨，最终将自己的见解表达出来，完成写作。

现代大学生都十分热爱上网，教师起指导作用，可以利用网络资源来增强学生进行英语写作的机会，激发学生的学习兴趣，教师也需要经常给予指导与监督，形成一种交流的氛围。

（三）利用 E-mail 辅助大学英语写作教学

利用 E-mail 辅助大学英语写作教学，加强师生间、生生间的交流。

在写作过程中，学生将自己的稿件利用 E-mail 发给教师或同学，然后教师和其他同学对这篇文章进行修改，并提出意见，最后该学生对自己的文章重新进行整理。另外，教师应鼓励学生找一些国外的学生进行 E-mail 的交流，了解不同国家人们的生活、学习、旅游、家庭、毕业动向等情况，通过这些学生感兴趣的话题，有助于提升学生的写作热情，进而提升自己的写作水平。

第五节 "互联网+"思维模式下的大学英语翻译教学

一、大学英语翻译教学的理论体系

(一)英语翻译教学的意义

1. 有助于提高英语写作能力

翻译有助于英语写作能力的提高,特别是"中译英"对学生的写作能力大有帮助。例如"我们通常在家和地铁之间来往,这是他上班的必由之路。不管什么样的天气,无论自己的身体状况如何,他都坚持上班,从不旷工。在别人不能坚持的情况下,他也会到办公室去工作,因为这对他来说是一种自豪。"翻译成:"We usually stay at home and the subway between, this is the route one must take him to work.No matter what the weather is like, regardless of their own physical condition, he insisted to go to work, never absenteeism.In the case of others can not insist on, he will come to the office to work, because it is a kind of pride."

此外,教师对内容进行讲解,完成之后,要让每个学生围绕环境的主题写一篇作文,学生经常使用的写作方式是,利用中文把作文的内容提纲列举出来,例如环境对人类生存产生的影响;现在我们身边存在的环境恶化现象和环境问题有哪些;分析每一种现象或问题产生的原因;最终的结论是,地球是我们的家园,地球只有一个,倡议全社会和所有公众共同保护环境,爱护环境,从每一件小事做起,从身边做起,保护环境。之后,再让学生用英语翻译每部分的内容,按照框架结构补充相关的内容,让文章变得更加饱满。母语的影响是学生在英语方面存在问题的主要原因,对英语的学习并不是与母语没有任何关联,而是要将英语和母语相融合,从而更好地为英语服务。

2. 可以提升大学生阅读能力

大学英语教学过程中涉及的翻译教学,主要包括恰当的表达、校对和准确的理解等三部分内容,其中表达的基础是理解。校对在大学英语教学中,具体是指准确翻译原文的同时，利用口语表达的方式对学生关于理解课文的程度进行衡量。

例如，"Wherever they occurred, inefficiency and waste were attacked and nonessential projects were brought swiftly to an end." "他们的出现，我们要反对效率较低与浪费的现象，还要控制工程项目。"在这个例句中出现了翻译错误的问题是因为，学生没有结合文章内容准确理解"他们"的含义，只是翻译了字面内容，同时句子中出现的"效率不高和浪费现象"译文与英语的表达习惯比较适合。在英语语言中，名词一般充当主语，如果主从复合句拥有相同的成语，则用代词来代替从句的主语。以这个语言习惯作为依据，可以发现，句子中的代词是指一件事物。我们与语境相结合将英语翻译成汉语时，要对西方英语语言的语境和用词习惯进行考虑做出相应的调整。所以上面句子的准确译文应该是——无论浪费还是效率不高，这两种现象发生在哪里，我们始终持反对的态度，另外将那些不必要的项目进行终止和结束。

因此，可以说，英语翻译的基础在于拥有良好的阅读理解能力，在英语翻译的作用下，能帮助学生培养良好的阅读习惯，认真推敲关键的词语和句子，有利于提升学生的阅读效率和阅读水平。

（二）英语翻译教学的特征

1. 题材丰富

当今社会对综合且实用型的翻译人才需求量较大。所以，应当尽可能将翻译练习的材料系统化、多样化，只有这样，社会的翻译人才需求才能够得到满足。在教学的过程中，教师应当尽可能丰富教学题材的内容，让学生能够广泛接触各种文体，并得到有针对性的训练。总体而言，广告、影视、文学和科技等各种实用文体都应当被纳入翻译的文体中。另外，教师要注重将各种文体以相互结合的形式进行讲解，不能孤立文体，教师应当在课后总结归纳学生翻译中的常见问题，若在某种问题练习中，经常会出现某类翻译问题，那么，应当尽快有针对性地帮助学生进行此方面的翻译训练。

2. 学以致用特征

交际是翻译学习的主要目的，因此，在教学过程中，要注重学生的实践能力提升，让学生学以致用，获得更多的实践机会，例如，教师可以让学生进行实际的翻译工作。译文读者的反馈是决定翻译好坏的最终标准，客户的需求是否被满足是译作能否被接受的主要标准。这就决定了翻译教学这门课程拥有很强的实践性，并不是封闭的。所以，学生在经历了一定的社会实践锻炼后再正式从事翻译工作，更能保证他们工作的顺利进行。

3. 注重文化特征

英语学习从本质上看是跨文化交际活动，翻译学习与之相同，学生应当对各种文化背景国家的风土人情和思维习惯加以了解。所以，教师在多元文化下的翻译教学过程中要对这一原则进行谨记，重视培养学生转化文化信息的能力。

（三）英语翻译教学的原则

1. 以学生为中心的原则

目前，传统的英语教师角色出现了巨大的变化，教师这个角色本质诉求已经不仅仅包括知识的传递，因此，教师在组织课堂的教学时，要更加重视学生的本体性，构建的教学模式应当为和谐的师生交互模式。这种教学模式的理念中更加强调英语教学的语言创新性，其中包含多方面的教学内容，如语言教学、思维训练、心理调适和文化教学等，将学生的课堂主体地位凸显了出来。英语教学已经越来越注重培养学生的实践能力，重视创建交互式课堂，以此来培养学生的语言应用以及创新能力，因此，背景性知识在英语教学的过程中十分重要，能够提升学生的文化素养。同时，在教学过程中学生的主体性也被这一观念所强调，此教学观念认为，从某种层面上看，教师仅仅是引导学生的角色，学生才是创造的本体，是富有主动性的。新的教学观念将课堂中学生的个性加以突出，让他们能在课堂中获得良好的思维习惯、自己的学习风格以及系统的学习策略，充分发挥学习中的非智力因素的作用。总的来说，对学生主体性的强调也能够培养学生的自我能力，激发学生的内在积极性，让学生获得自身的学习动能，并将学习积极性发挥出来，形成自身独特的学习风格。

在新的教学模式下，最需要考虑的事是角色转换，应当明确课程中的主导人物和主体人物。教师的任务是引导学生，而学生才是课堂中的主体人物，教师要帮助学生将学到的知识在实践中应用，帮他们提升英语素养。传统教学模式中，课堂的中心是教师，而学生在现代化的模式中获得了课堂中更高的价值和关键地位。在认知学的角度上，教学的交互性十分明显，在课堂中，学生和教师应当相互合作，也就是说，师生关系有很强的合作共赢性，并不是一方受一方牵制的。但以学生为中心这种新的教学思维理念也并不代表教师过去的权威价值消失殆尽，而是教师本身的身份得到了摆正，能够充分发挥其本身的引导作用。教师在传统的课堂中拥有绝对的话语权，学生的独立性较低，这样在课堂中，学生就会十分的消极被动，思考力减弱。学生心中的问题很难被老师所了解和良好回答。

"以学生为中心"对培养学生的技能十分重视，同时，也并未忽视学生的基础知识掌握。可以说，让学生将学到的知识在社会实践中应用是这种实训技能提升以及模式兼顾理论的掌握的主要目的，在此基础上来让学生的知识应用水平得到提升。

对于学生来说，学习英语翻译的过程是专业知识框架的重新创建过程，是一种经验总结的学习经历，教师在教学的过程中并非知识灌输者，而是引导者和协调员。学生要重新进行自身的定位，抛弃过去的被动身份而变成主动参与者，进而能够自主探究知识，并对知识进行意义构建，成为知识的主人。

坚持以人为本，以学生为中心的教学理念，并不是让教师顺从学生的意见，而是要求教师拥有更高层次的教学。总的来说，下面三个方面能力是教学人员需要提升的能力。

（1）转变自身角色。学生通过教学过程获取知识来源并非只有教师；教师的职责使命也并不是单纯地传授知识，而是引导学生探索学习方法、解决学习问题、达成学习目标。

（2）增强学生的创新意识，提升他们创造性、发散性思维。

（3）开展教学活动时要讲究方式方法，使其兼具灵活性、趣味性和可操作性，有效利用生活环境，使课内外相互配合，并适当开设专家讲座传授经验。

2. 激发学生学习兴趣的原则

兴趣是最好的教师，是推动学生学习的动力。学生只有对学习充满兴趣，才会积极探求事物。可见，学生英语学习成功与否，在很大程度上取决于他们对英语的学习兴趣，翻译教学工作也是如此。另外，作为一项复杂且难度较高的双语转换工作，翻译练习对于任何学生而言是枯燥的，尤其是对语言基础不牢、专业知识不精的学生而言，更是难上加难，种种原因成为无法激发学生学习兴趣的阻碍。因此，教学人员需要把激发热情、培养兴趣当作引导学生主动学习的基石，如教师可以结合以下三点建议进行学生兴趣培养环节的开展与实施。

（1）进行情境教学。翻译教学要认识到学生才是教学主体，深入贯彻"以学生为中心"的教育理念。教师在教学中不能一味地讲述翻译的基本理论或技巧，而是要注意活跃课堂气氛，引导学生做课堂上的主人。对此，教师可以创设一些活动情境。例如，在翻译商务文体时，教师可以为学生创造商务翻译活动情境，在模拟情境中，学生既可以真正了解工作所需要的技能，又能体会到翻译工作的不易，同时在相互合作与协商中完成翻译任务，使学生体会到团队合作的重要性，从而培养团队意识与合作精神。

（2）充分利用多媒体和网络等教学手段。随着多媒体技术的发展，与多媒体相关的各种教学手段也被应用在英语教学中。教师借助网络，可以有效提高学生对翻译课程的学习兴趣，从而提高学生的学习动机以及自主学习能力。

（3）进行案例教学。以商务英语翻译教学课程为例，教师可以根据相应的课程设计，寻找与某一单元主题直接相关的翻译案例，把学生带入特定事件现场，再现案例，从而提高学生的实际翻译能力。需要注意的是，所选取案例内容要足够新颖，最好与学生的专业或社会实际密切相关，这样才能切实有效地激发学生的翻译兴趣。教师将翻译教学巧妙地贯穿到案例讲解中，不仅可以讲解翻译相关知识，还能渗透相关翻译技巧，化枯燥于无形，从而提高课堂教学效果。

3. 循序渐进的原则

翻译是一项复杂的双语转换活动，不仅涉及语言自身差异，还涉及其他因素，如文化等。因此，学生翻译水平的提高不是一朝一夕能实现的；相应地，翻译教学也不能操之过急，应当本着由浅入深原则，按部就班地进行。具体而言，需要教师做到以下三个方面。

（1）从学生最熟悉的主题和层面入手，选择恰当的篇章内容。

（2）从学生最了解的主题和层面入手，选择合适的文章题材。

（3）遵循由浅入深、由表及里的原则，详细阐释原文语言内涵要义，避免急于求成。

（四）英语翻译教学的阶段

在表达习惯方面，英语和汉语有很大的区别，所以，翻译过程的本质也是对两种语言差异进行充分理解和妥善处理的过程。翻译主要包括理解、表达和校核三个阶段，其中理解是翻译的重要基础；表达是翻译的核心内容；

第四章 "互联网+"思维模式下大学英语教学的具体内容

校核是深化前两个阶段的内容。

1. 理解阶段

要想翻译准确，最关键的是要正确理解，这也是表达的重要基础和前提，具体是指在对原文进行阅读时，译者要深入思考原文所要表达的内容，这是对原文内容、行文风格和其中所包含的思想情感进行掌握和认识的重点。

对原文进行理解也是解码源语的过程，为了进行更加准确的解码，译者要对源语的文化背景和表达习惯充分了解，并结合这些内容阐释原文，才能获得完整的原文信息，对原文的理解才能够更加准确和透彻。理解原文并不解释获取原文信息，还要结合上下文内容对特定词汇的不同含义进行了解，同时也要深入了解原文习惯使用的表达方式和句法结构。

（1）理解原文词汇的含义。理解词汇是进行汉英翻译的开始和前提，再将理解词汇逐渐向句子、短语、整个篇章和段落扩展。

第一，一名合格的译者必须对原文的词汇进行理解，只有对词汇的含义进行准确把握才能更好地进行翻译。英语和汉语中所包含的词汇有不同的含义，有时候使用一个英文单词便能表示两个汉语词语的含义，同一个汉语词语在不同的语境和语法结构中，代表的意思也不相同，要结合内容理解词汇再翻译成英文词语。所以，进行翻译时首先要对词汇的具体含义进行理解，避免出现望文生义的现象。

第二，对词汇的表层含义进行理解之后，要结合上下文语境对词汇的深层含义进行了解。理解原文不应该局限于对字面和浅层的了解，更多的是对文章中字里行间隐藏的信息进行深入挖掘，表达时使用合适的方法。进行翻译时，译者要对语篇的语境进行把握。语境在语篇中的作用主要包括五个层面：一是具体化含义；二是让词语增加更多的社会文化内涵；三是实现修辞意义与词语的融合；四是单一化含义；五是将临时的含义赋予词汇、句子或短语。

（2）理解原文语法的结构。在汉语和英语之间互相翻译时，译者一方面要对两种语言语篇包含的意义进行了解；另一方面还要对汉语语法和英语语法之间存在的差异十分了解，促使译者翻译水平和翻译质量的提升。

第一，对汉英两种语言的句法结构十分熟悉、非常了解，特别是两者之间在结构上存在差异。"形合法"是英语句子常使用的结构，其特征：拥有多样化的句子形式、拥有紧凑严密的句子结构、重视稳定的句子结构，但是句子的主要架构还是由主语搭配谓语组合而成，具体来说又包括六种句型。与英语句子的结构相比较，汉语结构更加复杂多变，"意合法"是汉语句子常使用的结构,是指其主要目的是为了表达含义,结构比较简洁明了。英汉互译时,译者要使用不同的处理方式对待两种语言的句子,将汉语翻译成英语时,译者要将汉语句子的含义进行确定后再解析句法结构;将英语翻译成汉语时,处理英语句子的顺序和汉语相反,先解析句法结构再理解句子。

第二,汉英互译的过程中,一方面要对两种语言句法的差异关注和重视,另一方面还要特别注意如何对句法进行转换。一般而言,汉语和英语在主语和谓语的相互搭配上比较类似,需要引起关注的是,汉语中存在较多流水句,英语句子则是对主谓搭配严格遵循的,在一个句子中只存在一个主谓搭配组合,而非谓语动词则负责呈现其他句子成分。所以,将汉语翻译成英文时,译者要重组句子成分,对译文的主语进行考虑,运用英语的句法搭配谓语。与上文相结合分析两种语言的句子,互译两种语言的句子,对句子结构的特征充分运用。将英语翻译成汉语时,则要将形和的句法结构转变成意合;将汉语翻译成英文时,则要将意合的句法结构转变成形合。

第三,译者进行翻译时也要重点关注词的形态。这是因为英语词汇和汉语词汇的差异还体现在形态方面。与汉语相比,英语词语存在形态变化,词汇的差异还体现在词类区别和不同类型词汇的使用频率上,例如介词和名词在英语中使用较多,动词在汉语中使用较多。所以,汉英互译过程中,翻译不能完全对照原文的词性进行,而是要与目的语的特征相结合,让词类灵活变化,如此一来,翻译出来的句子才能与目的语的语言特征相符合。

(3)理解原文的逻辑关系。要想对原文加深理解还要对原文的情感意义和逻辑关系进行分析。因为不同的人拥有不同的思维方式,他们形成的语言逻辑也存在差别,所以,译者始终要坚持严谨的原则和态度,与具体语境相结合,深入掌握原文的逻辑关系,对原文的语言风格进行理解,以原文的内容和逻辑作为基础和依据开展翻译工作。此外,译者还要对原文的情感意义进行理解,具体是指原文作者想要表达的态度和情感。译者要准确把握译文的细节,将原文的态度和情感仍然保存在译文中。所以,译者要对原文的语义充分理解和把握,才能选择合适的句子结构和词语准确表达出原文的含义和情感。

除此之外,一直还要对汉语和英语中在修辞使用方面的差异加以关注,防止产生修辞使用不当使得语段发生逻辑矛盾问题。语段这个单位是介于句子和语篇之间,它可以是一个句子,也可以是一个句群。汉语原文一般会使用多种修辞手法将更加生动形象的文字、情境和情感表达出来,所以,在翻译过程中要与实际情况相结合。从汉语的表达习惯来说，使用修辞与语言逻辑相符，但是译者将其翻译成英语时，要考虑在英文中使用这些修辞是否得当，是否会出现逻辑混乱的问题。

2. 表达阶段

在大学英语翻译教学中，理解和表达属于两个不同的阶段，并且发挥的作用有所区别，但是两者之间存在紧密相连的关系。理解要求准确性，表达要求充分性，理解是表达的基础，同时在表达的基础上才能更加深入地理解原文，所以两者之间相互促进、相互依存。

表达的充分性是指，是者在翻译过程中，能将原文包含的情感、作品风格和内容进行充分的展现，这是译者掌握某目的语的能力和素养。在表达过程中，译者要将表达的尺度把握好，一方面要避免表达过度，另一方面也要防止表达不够充分。表达过度是指在翻译过程中，译者忽视了原文本意，任意添加内容；表达不够充分是指，译者对原文本意不够尊重，任意删减内容。译者理解原文含义的程度和所具备的语言修养程度决定了译文的表达成效。充分表达的前提和基础在于深入理解原文含义，但是理解正确不代表在表达上也能够正确。因为不同的语言在句式、表达方法和语法方面存在许多区别，所以，翻译过程中要与语言特点相结合，使用不同的方式，灵活处理翻译。

3. 校核阶段

校核工作主要包括对原文内容进行核实和对译文进行再次推敲。翻译的最后一个环节是校核，校核也是深化前两个阶段的过程，是翻译过程中的重要内容和环节之一。校核并不只是对原文进行粗略的阅读，将其中明显的错误进行改正，而是要再一次加工译文。优秀的译文就像是一个制作精美的艺术品，需要创作者花费很多时间和精力精雕细琢。译文在校核之前，需要创造者对其进行雕琢和修饰，可能会有严重的错误存在。所以，译者要对校核工作的重要性进行充分的认识，并且对该环节秉持认真严谨的态度。

检查译文就是校核，校核的内容：一是进行查漏补缺，是指检查翻译过程中是否存在遗漏的地方；二是对译文进行检查，检查是否正确翻译了包括数据和时间在内的关键信息，同时还要对一些容易忽视的低级错误进行检查。

在校核环节应该要注意五点：①对翻译错误的内容进行发现和纠正，进一步修饰翻译不妥的内容；②尽量避免有晦涩难懂的词汇出现在译文中，译文段落要正确使用标点和标记；③正确翻译包括日期时间、数字、人名、地理位置和地名等在内的关键性信息；④正确翻译重要的词语和疑问的内容；⑤一般而言，校核要进行两遍。第一遍是对内容进行重点校核，第二遍是对译文中的文字进行润色和修改。如果时间比较充足，要与原文对照，通读译文，并且将最后的修改和检查全部完成，解决以上所有问题之后，才能将译文最终定稿。

结合上文阐述可知，翻译的三个重要环节是理解和表达以及校核，三者之间存在紧密关联。表达的前提是理解，译者要充分了解文化背景才能对原文进行理解。翻译质量优劣的决定因素在于表达，译者不仅要对原文的原意和风格进行保留，还要符合目的语的表达习惯，这要求译者具备更高的翻译能力和素养。在翻译过程中，校核环节的作用在于把关，即便译者具有高超的翻译能力和技巧，深刻理解了原文的含义和内容，恰到好处地使用译文对原文进行表达，但难免会出现疏漏和差错，译者的多次润色和校对是形成翻译作品的必然环节。所以在翻译过程中，理解、表达和校核扮演着不同的角色，具有不同的功能。

（五）英语翻译教学思考

1. 完善英语课程设置体系

教师将学科知识传授给学生，必须以宏观、科学合理的课程体系作为指导，在开展课程活动时发挥宏观指导作用。目前，英语教学用"一般要求""较高要求"和"更高要求"对非英语专业本科大学生所具备的能力进行划分，并且规定了听、说、读、写、译等各方面的量化标准，体现出了大学英语翻译教学的选择性、灵活性和层次性，让各个高校结合本校的需求和实际情况将教学大纲制定出来。

英语课程体系的制定要与时俱进，和时代的发展保持一致，设置课程时要结合市场对人才的需求，重点对学生的实际应用能力进行培养。大学英语课程的设置不能只是简单地将其划分成读写课和听说课，并不需要设置翻译课。一般而言，大学第一个学年是大学英语基础阶段，有限的学时只能让学生将基础打好、巩固，所以不需要将英汉翻译课程单独设置；在第二学年，可以通过设置翻译选修课和组织翻译讲座的方式，将基本的翻译技巧和理论传授给学生，如果有学生对翻译感兴趣，便可以让他围绕翻译开展一系列的深入学习和自主训练。

2. 优化英语翻译教材编写

非英语专业的翻译教材与适用于英语专业学生的翻译教材有很大的区别。所以，在编写大学英语翻译教材的过程中，要始终坚持与师生水平保持一致的难易程度原则和维持教材的系统性原则，将技能训练、知识和理论融为一体的系列教材，凸显科学性和针对性。除此之外，教材的主体要以英汉对比和应用翻译作为主要内容，将修辞与翻译、篇章翻译、文化与翻译、各类文体翻译，以及赏析不同题材和不同风格的译文等内容加入其中。理论和实践是翻译课程的关键，适用于非英语专业的翻译教材要具备简洁明了的翻译理论，简明清晰的翻译技巧、翻译基本知识和翻译原则，对学生的实际反应能力进行重点培养和提升，所以要把翻译练习附在每个章节后面，通过课堂讨论和实践的方式促进学生翻译技巧的提升，把学生的实际应用能力培养起来，从而更好地在未来的工作和学习中进行应用。

3. 注重培养学生的语言能力

语言理解能力和表达能力共同构成语言能力。翻译的过程是在对原文进行理解的基础上，用另外一种语言创造性地将原文再现。其中，表达的前提是对原文的理解。基于此，大学英语翻译教学的主要目标之一是对学生语言能力的培养。在翻译教学过程中，促进学生语言能力提升的方式主要有以下方面。

（1）利用互联网平台开展自主学习，将自身的语言感受能力不断提升。让学生利用互联网或者其他有效方式对自己的语料库进行构建，感受范文和名作中的遣词造句，学会如何布局谋篇，教师要定期或不定期的与学生进行沟通，彼此之间将阅读之后的感受和收获进行分享。

（2）在课堂教学活动上利用翻译欣赏课，让学生感受翻译的魅力，或者让学生对一些名家名作进行翻译，再与名师的翻译放在一起进行对比，对心得体会和感悟进行总结。

（3）开展小组合作型翻译活动。教师将所有的学生分成不同的小组进行翻译。在课堂教学中营造出愉悦宽松的学习氛围，每个学生都可以发表自己的意见和看法，让学生把自己的译文放在一起进行互评互改。通过比较译文核对翻译进行讲评领悟的方式，进一步对学生的思维进行启迪，让他们深入理解和思考翻译，从而推动学生翻译批评能力和译文欣赏能力的提升。

二、大学英语翻译教学——词汇

汉语和英语在语法和表述习惯方面有着诸多不同，故把汉语词语译成符合英语语法和表述习惯的英语短语时，需使用一些翻译技巧，包括"增词法、省略法、具体法、抽象法、词性转化法、视角转换法、结构调整法、归化法以及加注法等"[①]。译者只有知晓并掌握了这些技巧，再凭借好的英语语言基础包括句法和词法以及足够的词汇量，才能自如地进行汉译英活动。学生之所以会存在阅读的困难，一个最直接的原因就在于词汇不足。词汇量掌握的多少与学生阅读水平之间有直接的联系。学生认识的单词越多，他们的阅读障碍就会越小；学生认识的单词越少，他们的阅读障碍就会越大，阅读中遇到的困难也就越多。因此，要想不断提升学生的阅读水平，先要掌握更多的词汇翻译技巧。

（一）符合英语语法与表述习惯的增词法翻译

汉译英时，首先，时常需要根据英语的语法和表述习惯，在汉语原文的基础上增添一些单词或词组；其次，当汉语原文的真实含义隐藏在字里行间而并未明确地得以表达，这样的句子译为英语时，一般可通过增词法把句子隐含的意思清楚地表达出来，以帮助读者理解其深刻内涵。

用增词法的原则是"增词不增意"，即译出隐义时不能增加或改变原句之意。当然，有时为保持原文的风格和句子的特色，译者不能违背作者意图，把所有的隐含之义都清楚地译出，从而使译文变成白开水而失去许多意趣，致使读者失去思考和探索之乐。因此，译者既不能漏译原句的隐义，又不能把原著作者刻意要含蓄表达的隐意都"竹筒子倒豆"般地统统说白。换言之，译者要恰如其分在"undertranslation"和"overtranslation"之间找到平衡，避免走极端，避免使译文失去原文的风采。

1. 根据语法习惯增加冠词

汉语没有冠词，把汉语译成英语时要适当加上冠词。至于用哪些冠词、哪里用冠词，其实是英语语法中对冠词使用的问题。

（1）增加不定冠词（indefinite article）。

例如：我们在业务上有了良好的开端。

译文：We have made a very good start in our business.

---

① 余静娴. 大学英语通用翻译教程[M]. 北京：对外经济贸易大学出版社，2014：145.

（2）增加定冠词（definite article）。

例如：天空中开始闪烁着淡紫色、玫瑰红和琥珀色。

译文：Hues of lavender, rose and amber begin to pulsate in the sky.

2. 增加作主语与宾语的代词

（1）增加作主语的代词。汉语中，如果前文出现过一个主语，而后面一句的主语与前文一致，那么后句主语可以省略。但是翻译成英语时，一般要将这个被省略的主语补上。

例1：但我就是这个脾气，尽管多番努力，却还是没能改掉。

译文：But that is the way I am, and try as I might, I have not been able to change it.

此外，汉语中还有不少无主句，翻译成英语时也应将省略的主语补上。

例2：很高兴收到您的来信。

译文：I am so glad to hear from you.

例3：这里到处可以看到枝繁叶茂的树木。

译文：Everywhere you can find lush trees here.

例4：看样子要下雨了。

译文：looks like rain.

（2）增加作宾语的代词。汉语中，常常可以把动词后面的前文出现过的宾语省掉，以避免啰唆。但译成英语时，由于及物动词后面必须跟宾语，故要保留这个宾语；同时为避免重复，就用代词来替代前文提到过的这个宾语。

例如：你越要掩盖自己的错误，就越会暴露。

译文：The more you try to cover up your mistakes, the more you reveal them.

（3）增加物主代词。

例如：一只鹭从远处的岸边飞起，轻轻扇动着翅膀掠过湖面。

译文：A heron rises from a distant shore and gently fans its way over the lake.

3. 增加表并列与从属关系的关联词

汉语复句之中，各分句之间的关联词常可不用，因为其前后的逻辑关系往往暗含其中。而译成英语时，必须把这些关联词补充进去。例如：

（1）增加并列连词。

例如：她瘦弱憔悴。

译文：She is scraggy and haggard.

（2）增加从属连词。

例如：他没有看过校长讲话的文本，不愿加以发挥。

译文：He declined to amplify on the principal's statement, since he had not read the text./ He had not read the text of the principals statement, so he declined to amplify on it.

4. 增加汉语中省略而英语中必用的介词

例1：她白天在餐厅工作，晚上在酒吧当女招待。

译文：She works at a restaurant during the day and as a waitress at a bar at night.

例2：我家的屋后有一个果园。

译文：There is an orchard at the back of my house. 例3：他还太年轻，无法明辨是非。

译文：He is too young to distinguish right from wrong.

5. 增加表特定文化的背景词

由于中西方文化间的差异较大，因此，关于中国特有文化的内容，如果简单而机械地译成英语，外国读者肯定会感到迷惑。此时就有必要在译文中适当加上解释性词语，从而把该汉语词汇或短语所隐含的意思表达清楚。

例1：茅台是我爷爷的最爱。

译文：Maotai liquor is my grandpa's favorite.

解析："茅台"是中国知名白酒品牌，这里其实具体指的是"茅台酒"。考虑到多数外国人并不知道这是一种酒，所以这里有必要添加"liquor"一词，予以说明。

例2：三个臭皮匠，顶个诸葛亮。

译文：Three cobblers with their wits combined equal Zhuge Liang the master mind.

解析："诸葛亮"在中国可谓是家喻户晓的神机妙算之人，然而在国外却未必尽人皆知。因此，在这里加上"the master mind"一解释性词组，有助于外国读者更好地理解这句话所隐含的"人多力量大"的深意。

（二）使用译文简洁流畅的省略法翻译

把汉语译成英语时，可以省略不译出有些词汇和短语，以使英语译文更加简洁、流畅、地道。但是，使用省略法的前提是保持原文的意思不变，省

第四章 "互联网+"思维模式下大学英语教学的具体内容

略绝不等于漏译。

1. 省略汉语范畴词

许多汉语的名词性短语善用范畴词,而英语却相应地多用概括能力强、词义范围宽的抽象词。因此,要将汉语翻译成地道的英语,应将汉语的范畴词省略不译。例如:

能见度 visibility

说服工作 persuasion

紧急状况 emergency

疯狂行为 madness

2. 省略汉语重复词

汉语中常常重复某个词,以达到强调等特殊效果。但在英语中使用"重复"手段的频率远不如汉语高。因此,汉译英时,可以让重复部分只出现一次,或在第二次出现相同内容时,用代词代替,从而避免累赘。

例1:中国人民历来是勇于探索、勇于创造、勇于革命的。

译文:Chinese people have always been courageous enough to probe into things, to make inventions and to make revolution.

例2:他讨厌失败,他一生中曾经战胜失败,超越失败,并且藐视别人的失败。

译文:He hated failure, he had conquered it all his life, risen above it, and despised it in others.

例3:我耸了耸肩,小汤姆也耸了耸肩。

译文:I shrugged my shoulders, and little Tom did the same.

例4:热能可以转化为电能,电能也可以转化为热能。

译文:Heat energy can be transformed into electric energy, and vice versa.

3. 省略意思

汉语中常常连续使用几个结构相同、意思相似的并列词组来达到一定的修辞效果。将其译成英语时,一般只需译出中心意思即可。

例如:她有着沉鱼落雁之容,闭月羞花之貌。

译文:Her beauty would put the flowers to shame.

4. 省略汉语语气助词

汉语中常使用语气词"吗、呢、呀、啊"等表达说话者疑问、惊讶、感慨等语气，译成英语时，常可省略。

例1：类人猿能掌握类似于人类的语言吗？

译文：Can an ape master anything like human language?

例2：不过你打算去请多少人来呢？

译文：Now how many men do you figure to have sent here?

（三）将抽象或含义模糊的词语具体化法翻译

汉语原文中有些用词比较抽象或含义比较模糊，翻译时不妨把这些词语加以具体化，以使英语译文更加形象生动，同时也能帮助读者理解其中的深意。

例1：他另有企图。

译文：He has an ax to grind.

例2：生活中既有甘甜，也有苦涩。

译文：Every life has its roses and thorns.

例3：我们刚进入太空时代。

译文：We are at the dawn of the space age.

例4：他精彩的演讲博得满堂彩。

译文：His remarkable speech brought down the house.

（四）将具象词汇或成语抽象化翻译

不少汉语的词汇或成语非常形象具体，但在英语中往往没有语义和形象完全与之对应的短语。若按照字面意思生硬地直译过来，读者或许会感到非常费解。因此，译者不妨把这个"具象"的词汇或成语"抽象化"翻译，以使英语译文自然流畅，也能帮助读者领会其隐含的意思。

例如：流利的英语是她进入这家合资企业的敲门砖。

译文：Fluent English is her ticket to this joint venture.

（五）词性的转化法翻译

汉语和英语在某些词性的使用频率上习惯不同。一般而言，汉语是偏"动态"的语言，其动词的使用频率较高，连动式和兼语式等结构也常出现，而英语是偏"静态"的语言，相对而言，名词和介词的使用频度较高。因此，把一些汉语动词译成英语时，需按照英语的表达习惯，适当改变这些汉语动词的词性。其他词性的汉语词汇译成英语时，有时也需要转换词性翻译，以使译文更为地道。

1. 根据动词转换为英语名词

例如：采用这种新装置可以大大提高效率。

译文：The adoption of this new device will greatly improve the efficiency.

2. 根据动词加副词转换为英语形容词加名词

例如：物价上涨得那么快，老百姓简直难以应付。

译文：Ordinary people simply cannot cope with such sharp rises in prices.（加名词）

3. 根据动词转换为英语副词

例如：他打开窗户，让新鲜空气进来。

译文：He opened the window to let fresh air in.

4. 根据动词转换为英语介词

例如：老师捧着试卷走进了教室。

译文：The teacher entered the classroom with the examination papers in her arms.

5. 根据形容词转换为英语动词

例1：听到敲门声，帕克很紧张。

译文：Parker tensed at the soft knock.

例2：这个湖很臭。

译文：The lake smells.

6. 根据名词转换为英语动词

例如：女神狄刻是正义的化身。

译文：The goddess Dice personifies justice.

7. 根据名词转换为英语形容词

例如：这名伤者被迅速送往医院。

译文：The injured was quickly sent to the hospital.（名词—形容词）

8. 根据名词转换为英语副词

例如：严格的训练使他们身心疲惫。

译文：The strict training made them tired, both physically and mentally.（名词—副词）

（六）根据汉英各自表达习惯的视角转换法翻译

有些汉语词汇在英语中找不到对应的词汇，这时就需要转换一下视角以寻找到翻译的突破口。此外，根据汉语和英语各自的表达习惯，有时需要把从正面表述的汉语翻译成从反面表述的英语，或者把从反面表达的汉语翻译成从正面表达的英语，类似于英译汉中的正反译法。

例1：她们虽是妯娌，但关系却=不太好。

译文：Although their husbands are brothers, they are not on good terms with each other.

例2：赶紧完成你的作业吧。

译文：Don't lose time in finishing your homework.

例3：她拉上窗帘，不让阳光进来。

译文：She drew the curtain to keep the sunshine out.

（七）改变形容词与副词语序的结构调整法翻译

（1）名词前有多个形容词修饰时，这些形容词在汉语和英语中的位置是不尽相同的。因此，在汉译英时，要根据英语习惯改变这些形容词的前后次序。

例如：这本书介绍了优秀的德国现代建筑。

译文：This book gives an introduction of outstanding modern German architecture.

（2）汉语常把表示时间、地点等的定语置于被修饰名词之前，译成英语时，一般要把这种定语后置。

例1：他没有出席上个星期的会议。

译文：He didn't attend the meeting last week.

例2：你看过《霓虹灯下的哨兵》吗？

译文：Have you seen Sentinel under the neon sign？

（八）选择英语同义词组的归化法翻译

有些汉语词组恰好能在英语中找到意思极为相似的对应词组。此时，不妨将英语中与之相对应的词组作为其译文，以使英译文更加符合英语的文化背景、更易于被英语使用者接受。

例1:"丁"字尺

译文:T-square

解析:汉语词汇以"丁"字生动而形象地描绘了具有这种形状的尺子,令人一目了然。但把该词组译成英语时就有麻烦,因为许多外国人并不认识汉字。而且汉字"丁"是利用其字形来描述尺的形状,而并非利用其意。所幸,英语26个字母中的"T"恰好与汉语"丁"字形状极为相近,因此翻译时可用"T"来代替"丁",起到相似的表述作用。

例2:一箭双雕

译文:kill two birds with one stone

解析:该汉语成语恰好在英语中有个意思雷同的成语与之对应。尽管"箭"与"stone""雕"与"bird"概念并不等同,但两个短语所表达的含义如出一辙。所以可用英语成语来译汉语成语,保持原文的精彩妙趣。

例3:咬紧牙关

译文:bite the bullet

解析:在得不到麻醉药的情况下,医生给伤员动手术时会让他们嘴巴紧紧咬住毛巾或皮带(在战场上或是子弹),以此保护舌头、帮助伤员缓解手术过程中的剧烈疼痛。

于是该英语短语就沿用至今,并被赋予抽象的含义。这一英文短语无论在具体还是在抽象的含义上都可与此汉语短语相对应。

还有下列的例子可说明此译法。

例4:挥金如土

译文:spend money like water

例5:这个踌躇满志的大学毕业生认为自己有点石成金的本领。

译文:The ambitious university graduate thought that he had the Midas touch.

解析:根据希腊神话的描述,酒神狄奥尼索斯赐给佛里几亚国王一种力量,使他能把手触摸过的东西都变成金子。此英语短语恰好对应汉语之意,且形象生动。

(九)使汉语文化内涵更加清晰的加注法翻译

汉语中许多词汇具有本族特有的丰富文化内涵,译成英语时,仅靠用增词法还不足以把相关的文化背景介绍清楚,此时就需借助详细注释,帮助读者明白汉语句子的真实含义及其相关文化背景。

例如：佛跳墙是一道福州传统名菜。

译文：Buddha Jumping over the Wall（Stewed Shark Fins with Assorted Seafood）is a famous traditional dish in Fuzhou.

Note：It is a name after a legend saying that even Buddha could not resist the temptation of the dish and jumped over the wall of the temple to taste it.

三、大学英语翻译教学——词语

句子和篇章都是由词语组成的，要做好翻译，必须重视词语的翻译。"英语和汉语有着大致相同的词类，实词中都有名词、动词、形容词、副词、代词、数词，虚词中都有介词和连词。"[①]所不同的是英语中有冠词，而汉语中有量词和语气词。

（一）名词

英汉名词特点基本相同，都表示人、地方和事物的名称，但英语倾向于运用名词来表达某些在汉语中常以动词表达的概念。因此，就词类而言，英语中以名词占优势，即英语倾向多用名词。

1. 英汉专有名词

专有名词是指人名、地名、机构团体名和其他具有特殊含义的名词或名词词组。

（1）英汉的人名。

第一，英汉姓名的顺序差异。汉语先说姓后说名，如李四光，"李"是姓，"四光"是名。而英语反之，即先说名后说姓。如Benjamin Franklin，Benjamin是名，Franklin是姓。

第二，英汉姓名的组成差异。汉语人名是由"姓 + 名"构成，其中姓有单姓和复姓，名也有单名和双名。

第三，人名的翻译原则。

一是，名从主人。名从主人原则是指在翻译人名时，要以该人名所在国的语言发音为准，不能从其他文字转译。也就是说译英国人名时要以英语的音为准，译中国人名要以汉语的音为准，译法国人名要以法语的音为准，即是哪个国家的人名，就以哪国的音为准。如John 约翰；李明 Li Ming。

[①] 金朋荪. 大学英语翻译理论与实践 [M]. 武汉：华中科技大学出版社，2009：102.

二是，约定俗成。约定俗成原则是指有些人名在长期的翻译实践中已经有了固定的译法，已为世人所公认，一般不轻易改动，即使译名不够妥帖。在以往的翻译中不乏这样的例子，如英国作家 George Bernard Shaw 应该译为"乔治·伯纳·肖"，但是过去一直被译为"肖伯纳"，这个中国化了的译名一直沿用下来。再如，英国作家柯南道尔的小说中的主人公 Holmes 惯译为"福尔摩斯"，尽管按读音应译为"霍姆斯"。在汉译英中，也是如此，如孙中山译为 Sun Yat-sen，一直沿用至今。

（2）地名的翻译。

第一，地名的翻译原则。地名的处理同历史、国情、语言及习惯等都有关系，一般要遵循以下原则。

一是，名从主人。地名翻译仍然要遵循"名从主人"原则，就是说翻译地名必须遵照原来的读音。

二是，约定俗成。地名具有社会性，应有相对的稳定性，一经约定俗成，就代代相传。所以已经被广泛接受的译名，不要轻易改变。如俄罗斯首都一直被译作"莫斯科"，这是按英文 Moscow 音译的，如按俄文应为"莫斯克娃"；再如 Greenwich 一直沿用"格林威治"的译名，虽然它的标准译名应该是"格林尼治"。

第二，地名的翻译方法。

一是，音译法。音译法也是翻译地名的最常用方法。在翻译时同样遵循前面关于人名翻译时讲到的准则，即要保证音准，不用联想词和生僻字，翻译时可省略不明显的音，但不能添加音。如英语地名 London 译为"伦敦"，Chicago 译为"芝加哥"。汉语地名的英译一般用汉语拼音进行音译，如"山西"译为 Shanxi，"上海"译为 Shanghai。

二是，意译法。意译法是指根据原文的意思，按照目的语的构词法进行翻译。有些地名有明确的意义，这种情况多采用意译，如 Thursday Island 译为"星期四岛"（因探险者于星期四发现它而得名），Long Island 译为"长岛"，the Pacific Ocean 译为"太平洋"，Red Sea 译为"红海"，Pearl Harbor 译为"珍珠港"，等等。

三是，音意混译法。音译混译即一半用译音，一半用译意来翻译一个地名，如 Northampton 译为"北安普敦"，New Zealand 译为"新西兰"，New Mexico 译为"新墨西哥"等。一般由具有词义的词和不具有词义的词组成的地名，可采用音意混译法。

第三，其他问题。

一是，地名翻译时增加通名（如"山""川""河""海""省""市"等）。例如"纽约市""日内瓦湖"，其中"纽约""日内瓦"是专有名词，"市""湖"是通名。有的地名原文不包括通名，但是为了便于读者了解，翻译时有时需要增加"山""川""河""海""省""市"等族类词。

二是，增加国名或区域范畴词。有时一个译名可指数个不同的地点，如"圣路易斯"可指巴西的 San Luis，阿根廷的 San Luis，美国的 Saint Louis。对异地同名者，翻译时可加注国别、省市等区域范畴词，以区分不同的地方。上述的"圣路易斯"可做如下处理：圣路易斯（巴西），圣路易斯（阿根廷），圣路易斯（美国）。

2. 英语普通名词

（1）名词译作名词。

第一，英语中的名词多数都可以译作汉语中的名词。

例1：We found the hall full.

译文：我们发现礼堂坐满了。

例2：The flowers smell sweet.

译文：花散发着香味。

第二，增加范畴词。抽象名词有时候说明人和事物的性质、情况、动态、过程、结果等，有时候又是具体的人或事物，这些词若直译，不能给人具体明确的含义，因此，翻译时往往要在汉语的抽象名词后面加上范畴词"情况""作用""现象""性""方法""过程"等表示行为、现象、属性，使抽象概念更具体些。

例1：Keep your eyes on this new development.

译文：请你注意这个新的发展情况。

抽象名词 development 译作具体的事物"发展情况"。

例2：Under his wise leadership, they accomplished the "impossibility".

译文：在他的英明领导下，他们完成了这件"不可能完成的工作"。

抽象名词 impossibility 译作"不可能完成的工作"。

（2）转译为动词。

第一，含有动作意味的抽象名词往往可以转译成动词。

例1：A careful study of the original text will give you a better translation.

译文：仔细研究原文，你会翻译得更好。

包含有动词意味的 study 译作了汉语的动词"研究"。

例2：The sight and sound of our jet planes filled me with special longing.

译文：看到我们的喷气式飞机，听见隆隆的机声，令我特别神往。

含有动词意味的 sight 和 sound 分别译作了汉语的动词"看到"和"听见"。

第二，由动词派生的抽象名词往往可转译成汉语动词。在英译汉中，常将那些由动词转化或派生而来的行为抽象名词，转译成汉语的动词，以顺应汉语多用动词的习惯。

例1：Enough time has passed since Dolly's arrival for a sober, thorough assessment of the prospects for human cloning.

译文：多利出生以来，人们用了足够多的时间，审慎而详尽地评估了人类克隆的前景问题。

arrival 译成汉语动词"出生"，名词 assessment 译成动词"评估"，读起来更顺畅，符合汉语用词习惯。

例2：In spite of all the terrible warnings and pinches of Mr.Bumble, Oliver was looking at the repulsive face of his future master with an expression of horror and fear.

译文：尽管本伯尔先生狠狠警告过奥利弗，又在那里使劲掐他，他还是带着惊恐害怕的神情望着他未来的主人那张讨厌的脸。

句中的英语名词 warnings 和 pinches 译作汉语的动词"警告"和"掐"。

3. 英语名词复数

名词复数在英语中和汉语中的变现不一样，翻译的方法也不一样。英语名词复数进行翻译时根据句子的意思，进行翻译，若省略会影响原文意思的表达，那么就要把复述翻译出来。否则就可以省略。我们经常使用增词法或者重复法进行英语名词复数的翻译。

（1）汉语的名词复数是通过与不同句法成分进行组合实现，是需要进行翻译的，而英语的名词复数是词性的转化，不需要进行特殊处理。但是还有一些名词，它只能以复数的形式存在的，因为所表达的物体只有这两部分在一起才能是一个整体。如 glasses（眼镜），trousers（裤子），shorts（短裤），knickers（短衬裤）等。汉译时，这些词不必译为复数。

（2）增词法翻译名词复数。汉语名词的复数没有词性变化，但是英语名词有名词复数,一般情况下,英语的名词复述数进行汉语翻译时,结合语境,可以增加重叠词、数词或其他词表示复数。例如一排排、一块块、类、所有等。

(3) 用重复法翻译名词复数。用重复法翻译名词的目的,一是为了不影响句子的表达,二是为了给读者留下深刻的印象,三是为了使译文变得生动,而且这样一来,词语的重复也能适当减少。

(二) 代词

代词可以代替词、词组、句子甚至一大段话。英语代词分为下列八种:人称代词、物主代词、自身代词、相互代词、指示代词、疑问代词、关系代词、不定代词。汉语代词有三种:人称代词、指示代词、疑问代词。

1. 英语代词

(1) 人称代词和物主代词。

第一,省略作主语的人称代词。

一是,汉语中,若两个相连句子中主语相同,第二个句子中的主句就省略掉。英语中,即使句子相连,主语都不可省略,只有在人称代词作主语的情况下,人称代词可以省略后面的出现,可以只出现一次。

例1: I had many wonderful ideas, but I only put a few into practice.

译文:我有很多美妙的想法,但是付诸实践的只是少数。

后句中的主语是人称代词 I,由于和前句中的主语相同,因而汉译时省略了这个人称代词。

例2: He was happy and he must have finished his homework.

译文:他很高兴,一定是完成作业了。

二是,英语中,泛指人称代词作主语时,汉译时也可以省略。

例1: We live and learn.

译文:活到老,学到老。

作主语的人称代词 We 表示泛指,因而在译文中省略。

例2: —When will he arrive?

—You can never tell.

译文:— 他什么时候到?

— 说不准。

作主语的人称代词 you 表示泛指,翻译时可省略。

例3: The significance of a man is not in what he attained but rather in what he longs to attain.

译文：人生的意义不在于已经获取的，而在于渴望得到什么样的东西。

作从句主语的人称代词 he 表示泛指，翻译时都省略了。

第二，省略作宾语的人称代词。英语中有些作宾语的代词，不管前面是否提到过，翻译时往往可以省略。

例 1：The more he tried to hide his mistakes, the more he revealed them.

译文：他越是想要掩盖他的错误，就越是容易暴露。

作宾语的代词 them 省译了。

例 2：Please take off the old picture and throw it away.

译文：请把那张旧画取下扔掉。

例中省译了作宾语的代词 it。

第三，省略物主代词。英语句子中的物主代词出现的频率相当高。一个句子往往会出现好几个物主代词，如果将每个物主代词都译出来，译文就会显得啰唆。所以在没有其他人称的物主代词出现的情况下，在翻译时物主代词大多被省略。

例 1：I put my hand into my pocket.

译文：我把手放进口袋。

例 2：She listened to me with her rounded eyes.

译文：她睁大双眼，听我说话。

第四，有时为了加重语气或避免产生误会，要将代词译出。

例如：The workers and their families were starving.

译文：工人和他们的家属在挨饿。

第五，根据上下文进行翻译。英语中的代词表示泛指时，要根据上下文进行翻译，而不能进行照译。

例 1：We have shortcomings as well as good points.

译文：人人都有优点，也有缺点。

We 泛指人们，译作"人人"。

例 2：You can never tell.

译文：谁也无法预料。

You 泛指一个人、任何人，意思接近 one，译作"谁"。

例 3：They say that we are going to have a new school.

译文：听说我们将会有一所新学校。

此句主语 They 泛指人们、大家，They say 可译为"听说，据说"。

（2）关系代词、指示代词和不定代词。

第一，关系代词。英语常用的关系代词有 who, whose, whom, which 等。关系代词所引导的定语从句如需分开译，则关系代词的译法与人称代词及物主代词的译法基本上相同。

一是，译成汉语的代词。

例1：I was a willing worker, a fact of which my new boss took fully advantage.

译文：我很爱干活，新老板就尽占我这个便宜。

例2：My cousin is a painter, who is in Japan at present.

译文：我表哥是个画家，他现在在日本。

例1中的 which 译成"这个"；例2中的 who 译成"他"。

二是，重复英语的原词（先行词）。

例1：Rain comes from clouds, which consist of a great number of small of particles of water.

译文：雨从云中来，云中包含有无数的小水滴。

例2：The cook turned pale, and asked the housemaid to shut the door, who asked Brittles, who asked the tinker, who pretended not to hear.

译文：厨子的脸发白了，他叫女仆去把门关上，女仆叫布里特兹去，布里特兹叫补锅匠去，而补锅匠却装作没听见。

在这两句中，由于提到的物或人不止一个，因此在译文中重复原词以避免混淆。

第二，指示代词。

一是，英语的 this（these）和 that（those）有着严格的区别，除了表示"这（些）""那（些）"之外，this（these）指较近的事物，或下文将要提及的事物；that（those）指较远的事物，或者上文已提及的事物。而汉语的"这"与"那"区别较小，一般而言，that 常可译成"这"。

例1：Ihere is nothing comparable in price and quality.That's why we choose it.

译文：在价格和质量上都有着无与伦比的优势，这就是我们选择它的原因。

指示代词 that 指代上文，被译为"这"。

例2：Do you remember how we recruited, organized and trained them？

That's the basic way to set up a club.

译文：还记得我们如何招募、组织并训练他们的吗？这就是成立一个社团的基本方法。

指示代词 that 指代上文，被译为"这"。

二是，有时英语在前一句中提到两个名词，在后一句中就用 this（these）指第二个名词，用 that（those）指第一个名词。翻译时，汉语常重复原词，而不用"这"与"那"。

例1：Fm going either today or tomorrow; the latter is more Likely.

译文：我或者今天走，或者明天走，明天的可能性大一些。

例2：My father was Irish, my mother—a Highlander.The former died when I was seven years old.

译文：我父亲是爱尔兰人，母亲是苏格兰高地人。我七岁时父亲就死了。

第三，不定代词。

一是，some 和 others 常一起用于英语复合句中，汉语译作"有的……，有的……""或……，或……"。

例1：Some walked to the station, others took a bus.

译文：有的步行去车站，有的乘公共汽车去。

例2：Some of our classmates come from Eastern China, some from Southwestern China, some from North China, and others from the North-east of China.

译文：我的同学或来自华东，或来自西南，或来自华北，或来自东北。

二是，one...another...a third... 用于复合句中，是表示许多并列的事物，汉语译成"一（个）……，一（个）……，一（个）……"或其他表示并列的句型。

例如：Tomorrow morning we have three classes: one is reading; another is oral English, and a third is translation.

译文：明天上午有三堂课，一是阅读，一是口语，一是翻译。

2. 汉语代词

汉语的代词分为人称代词、指示代词和疑问代词三类。

（1）人称代词。汉语常见的人称代词基本形式：我、你、她、他、它。在它们的后面增加"们"字，可构成它们的复数表达形式。"自己"是一个复称代词,如果句子的主语是人称代词或指人的名词,后边又需要复称主语的,使用"自己"。汉语中,还有"咱、咱们、我们",表示听话人在内的所有人。汉语使用代词比较少,如果句子能读明白,一般就不加代词,以使句子简洁;有时为了避免重复名词,也使用代词,因此,翻译人称代词时要根据具体情况进行翻译。

第一,增补人称代词。英语通常每句中都要有主语,因此,翻译时要补充人称代词,以符合英语语法习惯。

例1:漏电会引起火灾,必须好好注意。

译文:Leakage will cause a fire, you must take good care.

例2:如果有时间就来串门。

译文:If you are free, please drop in.

以上两例都是无主语句,但翻译成英语时译成了复合句,要增加主语 you,使句子完整。

第二,增补物主代词。汉语的很多句子的逻辑关系明确,不需要用物主代词;但英语中涉及人的器官、所有关系、有关的事物时,都要用物主代词。因此,英译时应该增补物主代词,使关系清楚。

例1:他们在做化学试验。

译文:They are doing their chemical experiments.

增补了物主代词 their。

例2:她费了不少劲才找到回家的路。

译文:It was with some difficulty that she found the way to her own house.

增补了物主代词 her。

例3:他耸耸肩,摇摇头,两眼看天,一句话说不出。

译 文:He shrugged his shoulders, shook his head, cast up his eyes, but said nothing.

句中增补了三个物主代词 his。

第三,增补反身代词。汉语的一些句子的反身代词是隐含的,英译时应该补上,尤其是一些作宾语或同位语的反身代词。

例1:为什么我们扇扇子会感到凉快?

译文:Why do we feel tooler when we fan ourselves?

译文中的反身代词 ourselves 在从句中作宾语。增补了反身代词会使句意更完整,即把汉语隐含的内容翻译出来了。

例2:她由于工作落后而感到惭愧。

译文：She was ashamed of herself for being behind in her work.

herself 在译文中充当介词 of 的宾语。

例3：昆虫到冬天就蛰伏起来了。

译文：Insects hide themselves in winter.

第四，人称代词照译。汉语的一些人称代词在句中的用法同英语相似，因此，译成英语时可以照译。

例1：电子计算机为我们节省了大量时间。

译文：The electric computer saves us much time.

例2：咱们今天觉得怎么样，琼斯先生？

译文：And how are we feeling today, Mr.Jones?

例3：大家都说物价又要上涨了。

译文：They say prices are going to increase again.

（2）指示代词。汉语的指示代词基本形式是"这、那"，由此衍生出的常用指示代词：表示处所的"这儿、那儿、这里、那里"；表示时间的"这会儿、那会儿"；表示方式的"这么（做）、那么（做）、这样（做）、那样（做）"；表示程度的"这么（高）、那么（高）"等。

第一，增补指示代词。英语中常用指示代词来代替句子中曾经出现过的名词，但汉语对出现过的名词常常省略，因此，在汉译英时需要增补指示代词。

一是，在英语的比较句式中，常常用指示代词来替代前面提到的事物，以避免重复。

二是，汉语中表示自然现象、时间、距离、天气等情况时，多用无人称句；但英语的句子必须有主语，因此，译成英语时要增补主语，所增补的主语通常是 it。

三是，有时为了英语语法的需要，翻译时要增补形式主语或形式宾语。

第二，照译指示代词。

例如：这是一座现代化的工厂。

译文：This is a modern factory.

（3）疑问代词。汉语中常见的疑问代词：谁、哪、哪儿、哪里、怎、怎样、怎么、怎么样等。汉语和英语都把疑问代词用在疑问句中，并且都有相对应的词，所以，通常在汉译时可以照译。

例1：谁在隔壁房间打字？

译文：Who is typing next door?

例2：哪儿能买到邮票？

译文：Where can I buy some stamps？

例3：我怎样才能找到好工作？

译文：How can I find a satisfactory job？

（三）冠词

冠词是一种虚词，本身不能独立，只是附着在一个名词前帮助说明这名词的含义。英语中的冠词有不定冠词 a（an）和定冠词 the。汉语中没有冠词。

1. 不定冠词 a（an）的翻译

在以下情况中，不定冠词 a（an）具有一定的意义，是必须译出的。

汉语"量词"很多，翻译时需要注意搭配，有所选择。翻译时不能见到 a 就译成"一个"，而不考虑"个"是否和后面的名词相配。

2. 定冠词 the 的翻译

（1）定冠词 the 在汉译时常省略。在汉语中，名词是泛指还是专指，类指还是特指，往往从上下文或者语境中可以知道，所以一般不需要指示代词"这"或"那"。因此，在汉语译文中，定冠词 the 常省略。

（2）定冠词 the 译成"这""那"或其他词。

第一，冠词在指示性作用较强的地方可以翻译出来。在指示性作用较强的地方，定冠词 the 可以翻译出来，因为有些名词要是不加"这（那）"就容易和别的事物混淆。

第二，名称替换。英语中，有时候提到一个人或一件事物，以后再提的时候却变了一个说法，这就是名称替换。用这样的方法，很多时候都要用到定冠词（或物主代词），在翻译的时候有两种处理办法。

3. 冠词与抽象名词或具体名词连用的翻译

（1）冠词与抽象名词连用，可化抽象为具体。第一，由动词派生的抽象名词前使用不定冠词。由动词派生而来的抽象名词前使用不定冠词，可使这些名词不再表示泛指而表示部分具体意义，因此，不定冠词可译成"一类、一种、一个"等。第二，由形容词派生的品质抽象名词前使用不定冠词。由形容词派生的品质抽象名词前也可以使用不定冠词，使这些名词表示部分具体意义，如表示品质或情状，因此，不定冠词可译成"一种""一方面"等。第三，抽象名词前用定冠词，表示比较具体的行为、品质。抽象名词前用定冠词，可使其具有特指性质，它表示的就不再是泛指意义而是比较具体的行为、品质了。

（2）定冠词和具体名词连用，可化具体为抽象。

第一，定冠词与表示人体部位的名词连用。表示人体部位的名词，特别是感官方面的名词，如 eye，ear，其单数形式与定冠词连用并不指"眼""耳"等具体的东西，而是转指"视觉""听觉"等抽象概念。

第二，定冠词与表示工具的名词连用。定冠词与一些表示工具的名词连用时，可转指与这些名词有联系的抽象概念。

（四）副词

1. 英语副词

英语副词是说明时间、地点、程度、方式概念的词，一般情形下可以修饰动词、形容词、副词或全句，表示状况或程度。

（1）英语副词可以译成汉语的副词、形容词、动词、名词、代词、独立句、关联词等。

（2）副词词序及其翻译。英语副词位于英语句首、被修饰词之前或介于被修饰部分之间，汉译时，位置可以不变。

2. 汉语副词

汉语的副词是表示动作、行为、性质、状态等在程度、范围、时间、情态、频率、否定、语气等方面不同情况的词。副词主要用作状语，像"很、极"可以放在形容词后做补语。汉语的副词可以译成英语的副词、形容词、名词、动词、介词。

（五）动词

动词在英汉两种语言中的使用十分广泛，在分类上：英语动词可以发生词性变化，汉语中动词没有词性变化；在形态上：英语动词有 5 种形态，汉语动词无形态差别；句子中的使用频率：英语动词只能使用一个限定形式结构，唯一例外的是并列句动词谓语，汉语动词不只限于一个，可以连续使用几个动词，也就是我们说的动词连用；做谓语：英语动词时态复杂，一般只做谓语，汉语中不止动词可以做谓语，形容词、名词也可以做谓语，动词还可以用来作主语、宾语、状语、定语。所以在进行翻译时，要结合他们各自的特点进行翻译，保证翻译的正确性，保障句子原有的灵魂。

1. 汉语动词

汉语动词具有极强的表现力，综观其使用方法，大致可分为三类：一是动词独用；二是动词连用；二是动词叠用。

（1）动词独用的翻译。汉语动词单独使用时，在翻译中，可以照译或依据情况转译为英语中的名词、形容词、介词、副词等。

（2）动词连用的翻译。所谓动词连用，指的是在一个句子中连续使用两个或两个以上的动词，这在汉语中是极为普遍的。汉语中动词连用有"连动式"结构和"兼语式"结构。在英语中，英美人却比较喜欢用名词和介词，所以在进行英语翻译时，根据译文语言的习惯用法，进行词类的转化，把原文中的动词灵活变成英语中的名词、介词、形容词等其他词类。表达较为复杂的内容时，我们把汉语动词转译为英语名词，暗示一种状态的情况时，我们将汉语动词转译成英语介词，表示观点意识状态时，我们把汉语动词转译成英语形容词。

（3）动词叠用的翻译。叠词是汉语的一种特殊词汇现象，使用非常普遍。汉语的名词、数词、量词、形容词、副词、动词以及象声词都有重叠变化。重叠词可使语言生动活泼，更富有感染力。

2. 时态动词

（1）英语时态的翻译。

第一，一般现在时。一般现在时主要表示经常性的动作或现在的特征或状态，还可用来表示普遍真理。一般现在时还可以用在条件和时间状语从句中表示将来的动作，用来代替一般将来时。

谓语动词一般采用直译的方法，有时还可以在动词前用"可以……""会……"等。

第二，一般过去时。一般过去时主要表示过去某时发生的动作或情况（包括习惯性动作）。有些情况，发生的时间不很清楚，但实际上是过去发生的，应当用过去时态。

一般过去时的译法比较简单，一般不需要添加那些副词或者助词来表示过去时，这是因为汉语习惯上不需要明确表示动词的时态。根据上下文，或借助句子里的时间状语，便可表达过去时。但是有时候为了更加准确的翻译，或为了强调起见，也可在动词前后添加"已经""曾""……过""……了"等字，或者在句首添加"以前""当时""过去"等时间副词。

第三，一般将来时。一般将来时态表示将要发生的动作或存在的状态。翻译这种时态时，大都可以在动词前面添加"将要……""会……""便""就"等词。

第四，现在进行时态。现在进行时表示某一时刻或某一时段正在进行的动作，译为汉语时，译文中有"着""在""正在""不断"等体现进行时的词。

第五，现在完成时。翻译现在完成时，可在动词前面添加时间副词"已经"和在后面添加助词"了""过"或者"过……了"。

（2）汉译英中的时态表达。汉语句子的时态通过词来表示，其中包括副词、助词以及时间短语等。

第一，通过一些特定词进行翻译。

如果句子用"着""一直/不断/不停""在""从……来""向……来/去""边……边……"，那么句子的时态为进行时。在没有时间状语的情况下，可以翻译成现在进行时态，现在完成进行时态或者过去完成进行时态。

如果句子用"将要""要"，那么句子的时态为将来时态。如果句子用"要/快要……了"，那么句子的时态为将来完成时态。如果句子用"已经在……了/呢"，那么句子的时态为完成进行时态。

如果句子用了"了""已经""完""好""掉""成"等词，那么句子的时态一般为完成时。在没有时间状语的情况下，可以翻译成英语的过去时态、现在完成时态或者过去完成时态。

第二，不同的理解，不同的翻译。汉语句子的时态意义主要是靠语境提示，即使有一些特定的词起到了提示作用，它们与英语也并非一一对应。

3. 被动语态

被动语态是动词的一种形式，用以说明主语与谓语动词之间的关系。英语中的被动语态是表示主语动作的承受者，是动词的一种特殊形式，它比汉语中使用的要多、要普遍，被动语态常用于陈述事实，一般用在科技文章或者新闻报道中。被动语态的出现多为下列四种情况：不知道或者不必说出动作的执行者是谁；动作的承受者是谈话的中心；出于礼貌、措辞选用等方面的考虑，不愿意说出动作的执行者是谁；为了上下文的衔接或者句子的合理安排。

汉语中也有被动句，但使用范围较狭窄，许多被动意义的句子是用无主句的形式来表达的。汉语的被动语态表现为三种形式：显性被动，用

"被""让""叫""给"及"由"等介词作语态标定的句式;半显性(半隐性)被动,用"加以""……是……的""……的是……"及"……为……所……"等句式;隐性被动,即逻辑上的被动以形式上的主动表示。

(1)英语被动语态的翻译。英语中的被动语态,在多数情况下要译成符合汉语习惯的主动语态,也有少数保留被动语态。

第一,译成汉语的主动句。

一是,保留原文中的主语。在将被动句翻译成汉语的时候,有时可以将原文中的主语仍做译文中的主语。

二是,将原文中的主语转译成宾语。将原文中的主语翻译成宾语。如果原句中没有施动者,在必要的情况下还可以在译文中添加相应的主语如"人们""大部分人""大家"等。

三是,译成无主句。当无须说出行为主体时,或者在没有动作发出者的被动句中,有时可以将被动句翻译成无主句。一般而言,英语中不带 by 短语并含情态动词的被动句都可以采用这种译法。翻译时,要重新组织原文的语句结构运用词性转译技巧,转变其表达方式,在不知道或者不必说出行为主体时,常常发挥汉语译文的优势,把英语中的被动语态译成汉语的无主句,原文的主语译成动词的宾语,英语中有一些动词含有名词成分,在被动语态的英语句式中成了名词作主语的被动语态,汉译时,需要将主语和谓语合起来翻译,用来做汉语无主句的谓语。

四是,译成带表语的主动句。即"是……的"汉语判断句式结构,英语中不需要强调被动的动作,只是以被动语态的形式描述事物的过程、性质和状况,往往译成这种判断句,其功能与系表结构相近。

五是,有些是以 it 为形式主语的句子,在译成汉语时常常要改变成主动形式。译文有时不加主语,有时需要加入不确定的主语,如"有人""大家""人们""我们"等。

第二,译成汉语的被动句。当英语被动句在语义上着重谓语动词本身的意义时,可译成汉语的被动结构。

(2)汉语被动语句的翻译。与英语相反,汉语常用意义被动式,少用结构被动式。翻译时,常用英语的被动式表达。

4. 虚拟语气

虚拟语气(the Subjunctive Mood)表示说话人所说的话不是事实,或者不可能发生,而是一种愿望、建议、猜测或与事实相反的假设等。

第四章 "互联网+"思维模式下大学英语教学的具体内容

英语通过动词形态变化来表述虚拟语气，而汉语主要利用词汇手段来表述。现代汉语用以表示虚拟的词语范围比较广，但主要是以下三类词语。

参与组成谓语部分的前置助动词。第一，表示能力和可能性：能、能够、可以、会、可能等；第二，表示意愿和意向：愿、愿意、情愿、敢、肯、乐意、想、要等；第三，表示推测和必要：应、应该、当、该、得等。

参与加强或限定谓语成分的副词。第一，就、就会："就"以及"就"与助动词"会"的搭配式，"就会"是表示"假设"的最重要的副词。"就"是一个表示强调的副词："我要是你，我就去。"这时的"就"是不可少的，不能省的。"就"之前还可以加"早"，作为对"就"的强调。"就"的基本作用是加强。第二，本、本来、原本（是）：也是现代汉语中参与构成假设陈述重要的副词，其作用是限定。第三，竟："竟"是表示出乎所料的一个副词，其作用是加强。一般而言，现代汉语表示"假设"的谓语形式就是以上两类情态辅助性词语与动词的组合，一般结构形式："副词+助词+动词"。

引导条件句的连接词。一般而言，现代汉语在复句中表达假设的含义，是通过连词引导条件句来完成的。这样的连词：如果；假如，假设，假定，假若；若，倘使、倘，若使、设若；要是。

（1）英语虚拟语气及其翻译。英译汉时，要根据各种谓语动词的形态、表示假设的连词以及特殊的句子结构和某些特定的词语来判定虚拟语气的类型，并加以恰当地表达。虚拟条件句，即非真实条件句中，条件从句及主句所用谓语动词的形式，根据时态的不同，可以分为三种：与现在事实反之，与过去事实反之，与将来事实相反。句中的条件从句和结果主句都须用虚拟语气。

（2）汉语虚拟语气及其翻译。

第一，有虚拟标志的汉语句。根据汉语的词汇手段，即虚拟标志，大体可以从字面上判断出汉语的虚拟语句。然后用相关的英语虚拟语句译出。第二，隐性虚拟汉语句。对没有虚拟标志的汉语语句，即汉语的隐性虚拟表达，一般可通过句子的逻辑含义来判断。如果是虚拟语句，则用相应的英语虚拟语句译出。

（六）连词

连词是连接词与词、短语与短语、句与句的词。连词可分为两类：并列连词和从属连词。并列连词是用来连接同等的词、短语或分句的；从属连词是用来引起从句的。

1. 英语连词

（1）省略不译。英译汉时，有些连词在很多情形下可以不译，特别是一些在句子里只起连接作用而本身并无意义的连词，一般可以略去不译。

（2）照译。有些连词在句中除了起连接作用外，本身也具有一定的含义，特别是一些连词短语，具有很强的含义，如果省译会影响对句子的理解，就要照译。

（3）转译。英语的连词除了可译作汉语的连词外，还可根据原句中的关联作用译成汉语中的副词、介词、助词、动词。

2. 汉语连词

在汉语中，词与词、短语与短语、分句与分句不一定需要连词连接。如"文（学）艺（术）界"好好学习，天天向上！""王老师工作一贯认真负责，这次被评为'优秀班主任'"。

四、大学英语翻译教学——句式

（一）英语句式翻译的类别

由于语言本身存在一定的差异，英语的文体也呈现出了多种形态，英语的句型相对复杂，逻辑性也更强，长难句出现的频率颇多，这就导致英语翻译显得更加困难。但值得庆幸的是，形合的出现为英语翻译带来了极大的方便，无论英语句子再复杂、再长，都可以将其划分为主语、谓语、宾语三部分，划分成分后的句子，结构会变得十分清晰。除此之外，我们将拆分后的小句子组合成符合逻辑的中文表达，这就是所谓的句式翻译。

1. 定语从句翻译

通常情况下，我们可以将定语从句大致分为两类，即限定性与非限定性，定于从句往往伴随先行词出现，之所以将定语从句划分为两大类，是因为后者往往具有限定语义的作用。在汉语中，定语往往被置于名词的前面，常用于用于修饰名词，并没有起到修饰限定的作用，因此，汉语中的定语从句并没有限定性和非限定性之分。而在英语中，定语从句出现的频率较高，并且英语中的修饰语比汉语中的修饰语更加复杂，因此，在翻译英语时，我们必须从英语的表达习惯入手，对英语中的定语从句进行剖析。一般情况下，只有当一个单词或几个单词作定语时，才会将其置于中心词的前面，当介词的短语，从句作定语时，均会将其置于中心词的后面。上面主要比较了中英文中定语使用的不同，下面就适合商务句子的具体翻译方法展开系统论述。

（1）前置法。所谓的前置法具体是指将定语部分置于先行词的前面，翻译可以用"的"将定语与主句连接。无论是在中文还是英文中，定语都充当修饰的作用，因此对于一些较短的定语从句而言，完全可以将其翻译为用"的"连接的句子，当然短的定语从句也可以置于先行词的后面。在实际翻译的过程中，前置法比较适用于翻译简短的定语从句，而并不适用于结构复杂的定语从句。

（2）后置法。与前置法不同的是，后置法往往将定语部分置于先行词的后面，在翻译时，可以将定语部分翻译为若干个并列的分句。英语的定语从句通常比较复杂，简单的定语从句比较少见，如果将修饰词放在被修饰词的前面，会使结构变得更加臃肿，并不利于句子结构的剖析，而将定语从句放置于先行词的后面，可以有效地解决这一问题，达到独立成句的效果。

（3）融合法。将主句和定语从句合并为一个句子，这种方法称为融合法。定语从句在这个简单句中充当谓语的成分。主句和具有限定作用的定语从句联系较为密切，这就使融合法，更适用于翻译限定性的定语从句，如英语中常见的"there be"句型。

（4）状译法。除此之外，英语中的定语从句和汉语中的定语从句，还有一个明显的不同，前者与主句的联系没有后者与主句的联系紧密。英语中的定语从句看似是在修饰先行词，但实际是在修饰整个句子，从某种意义上讲，定语从句起到的其实是状语的作用。综上所述，定语从句，除了能够充当定语外，还能够在句子中充当状语的成分，如何判断定语从句在句中充当的成分就显得尤为重要，如果主句带有状语，那么此时的定语从句就可以充当句子的状语，可作为原因状语从句、目的状语从句、让步状语从句等使用。

综上所述，语言的表达方式多种多样，形式也相对灵活。不同的定语从句应当结合文章的整体结构、上下文的逻辑进行翻译，在翻译句子的过程中，如果遇到原作的语言与所要翻译的语言在结构和语法上存在一定的差异，此时应当对句子进行深入的剖析、组合等，最佳状况是在重组的过程中，原作和译作能够产生相似的语义结构，这样才能够保证所翻译的内容与原文内容基本一致。

2. 状语从句翻译

状语从句在英语表达中也尤为常见，通常用于表达时间、地点、让步目的、比较、方式等。不同的状语从句搭配不同的连词，状语从句在英语和汉语中也有一定的差异，在英语表达中，状语从句往往会出现在宾语之后，主谓宾的结构可以与状语从句搭配。而在汉语表达中，状语通常位于主语和谓语之间，有时还会出现在主语的前面，起到强调的作用。由此可见，在进行英语翻译的过程中应当满足汉语的表达习惯，对英语句子的结构进行适当的调整，不能被文章的结构以及语序所限制。

（二）英语句式的翻译技巧

在了解掌握了汉译英中词（组）的翻译方法之后，就要应对句子的翻译。要将汉语句子译成通顺、地道的英语句子，译者也往往需要采用适当的句子翻译技巧和方法，以妥善处理不同类型的句子，这些技巧和方法主要包括合句法、分句法和变序法等。

1. 将汉语复句译成结构紧凑偏正英语句的合句法技巧

汉语各句子或分句之间主要凭借语义逻辑维系，而其语法逻辑关系似乎不甚清晰，句子结构在形式上比较松散。因此，把汉语句翻译成英语时，需要首先分析汉语复句的各句子或分句之间内在的逻辑关系，确定其主句和分句，再通过使用介词短语、从句等手段把它译成地道的英语句子。

例1：在保险期限内，被保险人应采取一切合理的预防措施，包括认真考虑并付诸实施本公司代表提出的合理的建议。由此产生的一切费用，均由被保险人承担。

译文：During the period of this insurance, the Insured shall at his own expense take all reasonable precautions, including paying sufficient attention to and putting into practice the reasonable recommendations of the company.

第二个汉语句子在译成英语时作为一个介词短语融入了第一句中，这种处理使英语句子的译文更加简明扼要。

例2：地处人民广场的上海大剧院以其独有的建筑风格成为上海市的标志性建筑。它的存在使人民广场成为这座城市的政治和文化中心。

译文：With its unique style, the Shanghai Grand Theatre located at the Peopled Square has become a representative building in Shanghai, whose existence renders the People's Square the city's center of politics and culture.

第四章 "互联网+"思维模式下大学英语教学的具体内容

英语译句中使用非限制性定语从句,把两个汉语句子合并为一句,使结构紧凑。

例3:他用积攒了好几年的零用钱买了一台数码摄像机。此后,他带着这台摄像机访问了全国各地的景点,拍摄了许多录像。

译文:With the pocket money(that)he had saved for quite a few years, he bought a digital video, with which he then visited various scenic spots throughout the country and shoot a lot of videos.

此例中,汉语复句通过"此后",把前、后两句作时间上的连接。译成英语时,把第一个汉语连动句式,处理成偏正关系的"with...(that)...he bought..."、带定语从句的"介词短语+主谓结构";又把第二句汉语句译成"with which"的"非限制性定语从句",从而把汉语结构相对较为松散的复合句,译成英语一个主句带两个定语从句和一个介词短语的句式,使结构紧凑,逻辑层次分明。这就是合句译法的妙用。

例4:人的一生有多少意义,这有什么衡量标准吗?

译文:Is there any standard to evaluate the meaning of a person's life?

此例的汉语复句由两个分句松散地联合而成。翻译时只要稍加分析就不难发现,这里"衡量标准"即指"衡量人一生有多少意义"的标准。故译成英语时用合句法把第一汉语句译成动词不定式短语,做后置定语修饰"standard",从而把两句并列关系的汉语句译成一句"偏正关系"的英语简单句,使结构紧凑,重点突出。

由此可见,译者的英语水平越高,就越有可能自如地通过介词短语、动词的非谓语形式(包括独立主格结构)、从句以及插入语等手段,把连接关系相当松散的汉语复句,译成语法逻辑关系清晰、结构层次分明的英语句式。这样既符合英语的表达习惯,又能有效表达句子的含义。

2. 将汉语长句有机拆译的分句法技巧

汉语的句子只要意思连贯,其形式往往呈松散铺排,并不受太多语法逻辑的拘泥。汉语句子可以很长,且一个复句中有时可有多个主语。与此反之,英语则是结构分明、逻辑性很强的语言。有鉴于此,译者有时会发觉难以把一个汉语长句的全部内容浓缩于一个英语句中。此时,译者需根据汉语原文的内在逻辑关系,对整个汉语长句进行划分,有机拆开,予以分译,译成两句或两句以上的英语复句。这种翻译方法就是"分句法"。

例1：东方明珠电视塔位于浦东的陆家嘴，电视塔与其东北面的杨浦大桥和西南面的南浦大桥共同构成了一幅"双龙戏珠"的画面，这整幅摄影的经典构图总在激发着人们的想象，全年吸引着数以千计的游客。

译文一：Located in Lujiazui in Pudong area, the Oriental Pearl TV tower, together with the Yangpu Bridge in the northeast and the Nanpu Bridge in the southwest, creates a picture of "twin dragons playing with pearls".The entire scene is a photographic jewel that always arouses the imagination and attracts thousands of visitors year-round.（译成二句）

译文二：The Oriental Pearl TV Tower is located in Lujiazui in Pudong area.The tower, surrounded by the Yangpu Bridge in the northeast and the Nanpu Bridge in the southwest, creates a picture of "twin dragons playing with a pearl".The entire scene is a photographic jewel that always arouses the imagination and attracts thousands of visitors year-round.（译成三句）

首先，分析此汉语长句的内在语义逻辑关系，可以对此句做如下划分。

东方明珠电视塔位于浦东的陆家嘴，|电视塔与其东北面的杨浦大桥和西南面的南浦大桥共同构成了一幅"双龙戏珠"的画面，|这整幅摄影的经典构图总在激发着人们的想象，|全年吸引着成千上万的游客。

显然，第一个分句讲述东方明珠电视塔的地理位置；第二个分句讲述它与环境构成"双龙戏珠"的画面，所以前两句为一层意思。而第三个分句则是讲述这幅经典画面对人产生的影响力；第四分句具体说明其影响力，所以后两句为一层意思。

译成英语时可将汉语原文拆分为二至三个句子，分别翻译，条理清晰。

例2：表面上看来，管理者会不得不对一些文化群体比对另一些文化群体在守时方面更宽容一些，但是这种做法在城市文明中是站不住脚的，因为它将使人相信"这种文化的时间取向比西方的时间取向逊色"这一学术论调。

译文：On the surface, it might seem that a manager may have to be more tolerant about punctuality with some cultural groups than others.But this is unwarranted in an urban civilization.It would give credence to the academic literature that implies "the time orientation in such a culture is inferior to that in the west".

分析此句汉语长句的内在逻辑关系，可以对此句做如下划分。

表面上看来，管理者会不得不对一些文化群体比对另一些文化群体在守

时方面更宽容一些，|但是这在城市文明中是站不住脚的，|它将使人相信此种文化的时间观念比西方的时间观念逊色这一学术论调。

由此可见，第一个分句与后两个分句之间存在着转折关系，而后两个分句之间则存在着并列关系。所以，可将该汉语句子拆译成三个英语句子。

例3：近年来，我国政治体制的改革与调整已经在进行之中，其中最为重要而且成就最为显著的就是政府职能的转变。

译文：The reform and adjustment of the political system of our country has been under way these years.The most significant and the most accomplished(reform and adjustment) is the shift of governmental functions.

该汉语句的前、后两个分句之间其实存在着"总、分"关系，故译成英语时，不妨将两层意思分译成两句英语句子。必须明确的是，使用"分句法"翻译的汉语句并非都是长句。有些汉语句子虽然并不长，是一个句子，却包含了两层甚至更多层的意思，此时也有必要把汉语句子拆开，予以分译。可看更多的例子。

例4：不，村庄并没有消失，现在的村庄比以往任何时候都更有活力。

译文：No，the village is not dead.It is now more vital than ever before.

该汉语句前后分句之间呈"递进"关系，也可分译。

例5：他的花园里有一个漂亮的池塘，池塘上有一座桥，桥中央有一个亭子。

译 文：There is a beautiful pond in his garden.Across the pond is a bridge with a pavilion in the middle.

该汉语句的前后三句之间呈"追述关系"，用动词非谓语形式不妥，故可拆开分译为两句。

3. 按汉英表达顺序不同而灵活采用的变序法技巧

如前所述，汉语与英语的表达顺序不同。汉语中各分句的先后顺序往往是按照事件发生的时间先后、或先因后果、或先条件后结果、或先事实后结论等顺序来排列。与此反之，英语句子的排列顺序则相对要灵活得多。所以汉译英时，可按实际情况、或出于某种修辞手段之目的，有意识地改变原句中部分语法结构的语序，乃至全句和各分句之间的语序，以灵活表达原句之意，达到符合英语表述习惯之目的。"变序法"一般有下列情况。

（1）时间、地点、方式等状语的变序。汉语中往往把表示时间、地点、方式等的状语前置；而英语中状语的位置相对比较灵活，状语的位置可前可后。所以进行汉译英时，常常需要使用"变序法"。

（2）句子语态转换时的变序。"变序法"还常常涉及句子语态转换问题。众所周知，汉语中被动语态的使用频率不是很高，因为汉语常使用主动句式来表达被动含义。较之于汉语，英语中被动语态的使用频率就高得多，因为欧美人惯于使用被动句式以示客观。在科研论文写作中情况更是如此。此外，在不少情况下，汉语语法允许汉语句式为无主句。然而，译者在翻译汉语无主句时，一般可适当地补充句子主语，或可将句子译成被动句。

在把句子和文章译成英语时，需要合理使用合句法、分句法、变序法等技巧，灵活处理句子结构，使句子表达符合欧美人的说话习惯，同时使句子逻辑清晰严密，突出主题思想。译者唯有掌握了上述技巧，凭借着良好的英语语言基础包括句法和语法的概念，再加上丰富的英语词汇量，才能自如地进行难度较高的汉译英翻译活动。

五、大学英语翻译教学——语篇

理论上，进行语法分析应该以句子为单位，但在实际的应用中，语篇才是语言的基本单位。在人们运用语言符号进行交往的过程中，一个语篇才能表达一个意义，只要意义完整，长短不限，所以长到一部长篇小说，短到一个句子、一个短语、一个词，都可以是语篇，所以语篇的翻译能力是译者的基本功。

从语言层面来讲，语篇高于句子，作为一种语言单位语篇的作用是独立完成交际的特定目标，在翻译的过程中，语篇是语言结构的最大单位，语篇的形式多种多样，对话、独白、小说、故事，甚至是众人的口语交谈都是语篇的形式。需要注意的是，语篇无论长短，都要表达完整的意思。

（一）英汉语篇结构分析

语篇结构是在一定的文化中长期积累而形成的语言运用习惯，是相对稳定的特定形式，反应的是文化因素。句子组成段落，段落构成语篇，内容一致的句子、句群、段落通过各种方式组成语篇，表达完成意义。

语篇具有以下特点：一是语义完整；二是句、段之间存在连接、照应、替代、省略等相关性；三是存在语义的逻辑性。全篇首尾呼应，表达的是一个完整意义，各句段间互有联系，都能够补充、完善、证明全篇表达的意义。每个句子、段落的排列都符合逻辑性。

第四章 "互联网+"思维模式下大学英语教学的具体内容

1. 英语语篇结构

一般来讲，英语的语篇是由多个段落构成，每个段落都有自己的要点，段落与段落之间通过逻辑关联，语篇文章呈现系统性和严密性。一般而言，一篇文章如果结构完整、清晰，则包括引言段、正文和结尾段三个部分。

（1）引言段。语篇的起始部分，简短总结了文章的主要内容，阐述了文章主要讨论的问题，起到了提示、引导读者阅读的作用。引言段主要分为：概括性阐述、主题阐述。概括性阐述介绍了主题的背景，引出主题，吸引读者兴趣。主题阐述则是一篇文章的主题句，点明文章主要讨论的是那些问题。并通过简单陈述表明了作者在这一问题上的观点、态度，简单介绍正文将从哪几方面进行扩充论述，如何组织构思。在引言段的结尾处，我们通常能找到这篇文章的主题阐述。

（2）正文。在引言段的后面是正文，这是文章的核心主题。正文可以是一个段落，也可以是多个段落，篇幅较大。正文的主要内容是围绕主题，详写细节和事实，对主题加以说明、解释、深化。在正文中，会通过多个次主题支撑说明主题，每个次主题都可通过一个段落进行说明，所以段落的个数和次主题的个数是一一对应的。正文需要按逻辑排列行文顺序和层次，主要的依据的：次主题之间的逻辑关系、次主题对主题证明的强弱程度，次主题统率的数据、细节、事实情况等。

（3）结尾段。语篇的最后部分。作为整篇文章要点的总结，结尾段是完整文章不可或缺的部分。通过结尾段总结归纳文章正文的观点，强调了主题，呼应引言段，加深读者对作者论点的印象，好的结尾段可以引发读者的思考，与读者达成共鸣。

英语语篇的思维模式具有以下特点：由总体到细节，由抽象到具体，由综合到分析。一般而言，作者先直接点明论点，然后分层次逐渐阐述，英语思维更注重理性，组织架构，主从层次明显，句子间连接紧密。

2. 汉语语篇结构

汉语语篇的思维模式既包括英语语篇的思维模式，又具有自己的独到之处。总体而言，它是比较灵活的，其论点的提出取决于文章思路的安排，即可根据文章的内容、性质和论证的方式与方法等因素在最恰当的地方提出论点。根据论点在文章中的位置，汉语语篇模式可分为文首点题、文中点题和文尾点题等。

（二）语篇分析在英语翻译中的运用

语篇分析是美国语言学家哈里斯于 1952 年首先提出来的一个术语，后来被广泛用于社会语言学、语言哲学、语用学、符号学、语篇语言学等领域。自从翻译界将"语篇分析"这个语言学研究的成果嫁接到翻译学科，翻译界对"上下文"的认识有了一个飞跃，从感性上升到理性，从经验上升到理论。掌握了"语篇分析"理论，译者就能在跋涉译林时，既看到树木，也看到整片森林；就能将原文的词、句、段置于语篇的整体中去理解、去翻译。这样，译文的整体质量就有了很大的提高。语篇分析的基本内容包括衔接手段、连贯、影响语篇连贯的因素，其中对译者而言，最为重要的是衔接与连贯。

句子或句群不是杂乱无章地堆砌在一起构成段落与篇章，反之，它们总是依照话题之间的连贯性和话题展开的可能性有规律地从一个话题过渡到另一个话题的。篇章的存在要求其外在形式和内在逻辑，即衔接和连贯具有一致性。作为语言实体，段落与篇章在语义上必须是连贯的，而连贯性在很大程度上需要靠语内衔接来实现。连贯是首要的，衔接要为连贯服务。翻译工作者为了使译文准确、通顺，就必须处理好衔接与连贯的问题。在英译汉实践中，译者应该首先吃透原文，了解作者怎样运用衔接手段达到连贯目的，然后根据英汉两种语言在形式与逻辑表达上的差别通权达变。

1. 语篇衔接

衔接是篇章语言学的重要术语，是语段、语篇的重要特征，也是语篇翻译中的一个重要环节。衔接的优劣，关系到话语题旨或信息是否被读者理解和接受。所谓语篇衔接，就是使用一定的语言手段，使一段话中各部分在语法或词汇方面有联系，使句与句之间在词法和句法上联系起来。

句组中的各个句子之间、句组与句组之间需用不同的衔接手段来体现语篇结构上的黏着性和意义上的连贯性。语篇的衔接手段大体可分为词汇手段、语法手段两大类。

（1）词汇手段。语篇的连贯可以通过词汇衔接手段予以实现。英语词汇衔接关系可分为两类：同现关系（collocation）和复现关系（reiteration）。此外，运用逻辑连接法也可实现语篇的连贯。

第一，词语之间的同现关系。同现关系指的是词语在语篇中同时出现的倾向性或可能性。一些属于同一个"词汇套"（lexical set）或同一个"词汇链"（lexical chain）的词常常一起出现在语篇中，衔接上下文。例如 thirsty —

词常会使人们联想到 drink，water，soda water，mineral water，tea，coffee，coke，beer 等词，这些词可能会在语篇中同时与 thirsty 一词出现。除了这种词之外，反义词也常用来构成词语之间的同现关系。反义词的两极之间可以存在表示不同程度或性质的词语，如在 hot 和 cold 之间尚有 warm，tepid，lukewarm，cool 等词。

第二，词语之间的复现关系。韩礼德和哈桑认为复现关系主要是通过反复使用关键词、同义词、近义词、上义词、下义同、概括同等手段体现的。词语的不同复现手段往往能显示不同的文体或风格特征。

第三，运用逻辑连接语。逻辑连接语（logical connectors）指的是表示各种逻辑意义的词、短语或分句，包括五个方面：①表句子之间（含句组之间）的时间关系（temporal relation）的逻辑连接语；②表句子之间的因果和推论关系（causal/resultive/inferential relation）的逻辑连接语，如 consequently，so，otherwise，then，hence，because，BS a result，for this reason，in that case 等；③表示附加关系（additive relation）的逻辑连接语，如 by the way，in other words，for instance，likewise，similarly，and，or 等；④表示句子之间的转折和对比关系（adversative/contrastive relation）的逻辑连接语，如 however，but，yet，never the less，in fact，in any case，on the contrary 等；⑤表示位置（location）、方向（direction）和地点（location）等意义的逻辑连接语，如 over，here，there，under，above，down，up，nearby，further，beyond，beneath，adjacent to，close to，near to，next to，in front of，on top of。

（2）语法手段。句子或句组之间的衔接可以通过语法手段予以实现。其中较为常见的语法手段有以下方面：。

第一，动词的时、体变化。动词的时和体可以在句子中起到衔接的作用。

例 1：The boy stopped running.He saw his mother.

译文：那个男孩停止跑动，他看到了他的母亲。

例 2：The boy stopped running.He had seen his mother.

译文：那个男孩停止跑动，因为他看了他的母亲。

从动词的时、体变化角度可看出，例 1 中的两句之间，存在动作发生的时间顺序关系，而例 2 中的两句之间既存在着动作发生的时间顺序关系，又存在着因果关系。

第二，照应手段。照应（reference）指的是词语与其所指对象之间的关系。在语篇中，如果对一个词语的解释不能从词语本身获得，而必须从该词语所指的对象中寻求答案，就产生了照应关系。因此，照应是一种语义关系，是表示语义关系的一种语法手段，也是帮助语篇实现其结构上的衔接和语义上的连贯的一种主要手段。照应关系可分为两种类型：语内照应（endophora）和语外照应（exophora）。语内照应又可分为两种情况：一种是"上指"（armphom，亦称"反指"），即用一个词或词组替代上文中提到的另一个词或词组；另一种情况是"下指"（cataphora，亦称"预指"），即用一个词或短语来指下文中即将出现的另一个词、短语乃至句子。语外照应是指在语篇中找不到所指对象的照应关系。

2. 语篇连贯

语篇既然是语义单位，那么能够称作"语篇"的语言实体必须在语义上是连贯的（Text must be coherent）。语义连贯是构成话语的重要标志。衔接是通过词汇或语法手段使文脉贯通，而连贯是指以信息发出者和接受者双方共同了解的情境为基础，通过逻辑推理来达到语义的连贯。如果说衔接是篇章的有形网络，那么连贯则是篇章的无形网络。译者只有理解看似相互独立、实为相互照应的句内、句间或段间关系并加以充分表达，才能传达原作的题旨和功能。

语篇中句子的排列如果违反逻辑就会对句与句之间语义的连贯产生影响。有时候，说话的前提以及发话者、受话者之间的共有知识也会影响到语义的连贯。诗篇的连贯性主要取决于读者的联想和想象。

语篇的含义主要依赖于语境。语境是语言活动在一定的时间和空间里所处的境况。人们在语言交际的过程中要想顺利地交流思想和理解话语发出者的信息，必须运用语言所依赖的各种表现为言辞的上下文或不表现为言辞的主客观环境因素，这里的上下文和主客观环境因素就是语境。语境有广义语境与狭义语境。广义的语境是指对语言交际产生制约的社会的、自然的、交际者本身的等各种各样的因素，也称为"情境语境"或"超语言学语境"。狭义的语境是指交际过程中某一话语结构表达某种特定意义时所依赖的各种表现为言辞的上下文，它既包括书面语中的上下文，也包括口语中的前言后语所限定的环境。此处我们主要讨论书面语中的上下文。篇章和语境之间有联系也有区别。语境用以解决具体词语的词义判断，是为了准确；篇章用以承上启下和前后呼应，为的是使不同段落之间语义连贯，观点清楚，叙述协调。在翻译实践中，要充分注意两者的区别并将其统一在操作过程中。

第四章 "互联网+"思维模式下大学英语教学的具体内容

从语篇的角度来看，英译汉的过程是用汉语重新构建语篇的过程，句子层面之外必须考虑语篇衔接，只是在重构的过程中需要照顾原文的语篇结构，不可超越。原文作者为了一定的修辞目的而采用了一些衔接手段，译者应当体察其意图，在不至于违背其语义信息、修辞特色的前提下，选择符合汉语表达习惯的衔接手段，尽量给汉语读者提供两全其美的译文。

在进行英汉段落与篇章翻译时，语篇的"衔接"与"连贯"是必须考虑的两大要素。衔接是一个语义概念，它是存在于语篇中的、并使语篇得以存在的语言成分之间的语义关系。衔接是语言机制的一部分，它的作用在于运用照应、省略、替代、连接（Conjunction）和词汇衔接（Lexical Cohesion）等手段使各个语言成分成为整体。语篇衔接手段主要有语法衔接（Grammatical cohesion）和词汇衔接（Lexical cohesion）。在语篇中，语法手段的使用可以起到连句成篇的作用。语篇衔接手段能使语篇结构紧密，逻辑清晰，更好地实现语义的连贯。

连贯是篇章体现为一个整体而不是一串不相关语句的程度。连贯对于篇章是一个有意义的整体，而非无意义堆砌的一种感觉。衔接是一种篇章特点，连贯是一个读者对于篇章方面的评价。语篇的连贯性应该经受住对语句的语义连接及语用环境的逻辑推理，所以语篇连贯不仅包括语篇内部意义的衔接，还包括语篇与语境的衔接。连贯语篇的基本标准是其意义形成一个整体，并与语境相关联。

衔接是客观的，从理论上讲能够被轻易识别；而连贯是主观的，对篇章中连贯程度的评价将因读者不同而不同。衔接的前提是思维的逻辑性、连贯性，而连贯是交际成功的重要保证。衔接是篇章的外在形式，连贯是篇章的内在逻辑联系。衔接是语篇的有形网络，是语篇表层结构形式之间的语义关系；连贯是语篇的无形网络，是语篇深层的语义或功能连接关系。

六、"互联网+"思维模式下英语翻译教学方法

在"互联网+"下开展大学英语翻译教学，有助于培养学生的英汉双语翻译能力，从而获得最佳的学习效果。在具体的实施上，教师可以从以下方面着手。

（一）展开翻译课堂教学，增加其语习得

各大高等院校可以直接使用与教材相匹配的多媒体教学光盘，但是由于各大高校的设备资源情况不同，且配套的光盘大多是缺乏系统性的翻译教学

内容，因此教师需要根据不同的情况来制作多媒体课件。也就是说，多媒体课件的制作需要建立在教学过程、教学目标、教材内容、教学媒体的基础上，坚持互动性原则，以提升学生的自主学习能力，确保不同层次的学生在翻译能力上都能够得到提高。

据此，在开展翻译课堂教学之前，教师设计的翻译教学模块需要利用声音、图片、动画等刺激学生的大脑，使学生难以理解的翻译理论变得更为生动、有趣。在具体的翻译课堂教学中，教师既要对英汉互译的技巧进行分析和总结，还需要补充相应的中西方文化知识，使学生能够对翻译的基本常识得以系统掌握。

虽然这样的教学模式还是按照译例分析—课堂翻译—课后练习的方式，但是其内容和形式与传统的翻译教学大不相同。

第一，内容上是针对不同层次的学生展开的，在课堂上由教师指导和学生自主选择，这有利于改善课堂教学的氛围。

第二，形式上不再是单调的板书形式，而是以媒体形式呈现，不仅节省了时间，还便于进行分级教学。

（二）扩大课堂信息量，克服课堂教学的局限性

课堂教学的课时是有限的，因此需要利用校园网来扩大课堂信息量，从而克服课堂教学的某些弊端。在具体的教学中，教师应以学生为中心，以互联网为手段，降低学生的焦躁情绪，缓解学生的紧张。同时，为了弥补课时的不足，教师可以将课堂上未叙述详细的翻译模块放在网络上，让学生自主选择学习。

此外，教师要有计划性地增大难度，加强学生对跨文化交际、英美文化的了解，开拓学生的眼界。大学生通过校园网对中英文文章进行阅读，自行进行翻译，与优秀译文进行对比并探讨，最终仿照原文写作形式来提高自己的翻译水平。

在练习的过程中，学生可以从自己的专业和兴趣出发。如果学生学的是医学专业，那么他们可以选择医学材料进行翻译练习；如果学生学的是旅游专业，那么他们可以选择旅游材料进行翻译练习。

（三）制作教学课件，建立翻译素材库

互联网课件是一种新的模式，它的制作光靠个别教师很难完成，且教师自身的知识结构、时间资源等也都是非常有限的，因此新模式更强调资源共享、

第四章 "互联网+"思维模式下大学英语教学的具体内容

集体备课。制作教学课件，建立翻译素材库，教师需要注意以下方面。

第一，在翻译教学内容上，教师除了注重精讲，还需要注意多练。翻译毕竟属于大学英语教学的一部分，因此不可能占据多余的课时。这就要求教师应该从教学大纲出发，通过集体讨论对精讲的翻译理论和技巧进行确定，为教师提供一个框架。同时，教师要根据自己的情况进行局部的更改和发挥。另外，在具体的实践中，教师设计的翻译练习要保证题材、体裁多样，难度要适中，并能够及时做到调整和更新。

第二，在翻译教学方法上，教师应该注意课内与课外相结合。在传统的翻译教学模式中，往往教师讲得比较多，学生练习的机会少，学生是被动的，这就导致学生很难有兴趣去了解翻译技巧，所以课堂内的讲练结合是十分必要的。在练习的基础上，教师给予一些指导性的意见，引导学生归纳翻译技巧和方法。

第三，在翻译教学建设上，要及时补充，更新翻译素材库。从具体的、大量的教学实践中归纳出理论，然后将这些上升为理性认识，反过来对实践进行指导。翻译素材也要与时势相符，要反映当代社会的各个层面，其难度要体现层次性。教师也要发挥主观能动作用，不断地扩充素材库。

第五章　"互联网+"思维模式下大学英语教师的专业培养

在"互联网+"时代,分析大学英语教师专业能力现状及其主要影响因素,并在此基础上提出培养英语教师专业能力的可行性策略,有利于促进大学英语教师专业发展,有利于加强高校师资队伍建设。基于此,本章主要探讨"互联网+"思维模式下英语教师核心要素发展、"互联网+"思维模式下英语教师专业发展能力、"互联网+"思维模式下英语教师专业发展策略、"互联网+"思维模式下英语教师媒介素养提升。

第一节　"互联网+"思维模式下英语教师核心要素发展

一、"互联网+"思维模式下"课堂观察"助力教师专业发展

课堂是教育真正而经常发生的地方,有效的"课堂观察"能为课堂研究、教育教学研究及教师专业发展提供最真实的第一手资料并成为其最为有效的起点。"课堂观察",相当于传统意义的听课。与听课不同的是,"课堂观察"着眼于教师的专业发展,通过观察手段发现教师、学生和课堂文化的表现特征,它是教师一种日常的专业生活,其目的在于给任课教师一些符合其自身发展实际的建议。

(一)基于英语教学特点的"课堂观察"

为了更有效地进行"课堂观察",有必要对处于不同层次的英语课堂的

特点进行归纳和总结。英语课堂是学生学习英语的重要场所，如何充分利用课堂、提高课堂教学的有效性，使学生综合运用英语的能力得到提升，一直是英语教育界十分关注的问题。英语学习的最终目的是在课堂以外的各种语言环境中真实地使用语言，用来学习其他的课程、工作或者娱乐。随着教学改革的步伐，大学英语课堂教学本着"以人为本""以校为本"和"分层次、个性化、自主式、信息化"的改革思路，大学英语教学模式的特点包含以下方面。

第一，现代化信息技术与课堂教学相结合。采用先进的教学手段，不仅采用幻灯片、录音机、录像机等来辅助教学，还可以采用电脑教学、电脑考试等手段来辅助课堂教学。

第二，自觉构建性与探索性相结合。学生带着问题进行学习，在讨论中完善自我和发展自己的能力；师生之间就所学内容展开讨论，形成新的探索与发展。

第三，学生自主学习与师生互动相结合。充分发挥学生的主体作用，使学生养成独立思考、自主学习的习惯。与此同时，老师在教学中应注意学生英语交际和应用能力的培养，最大限度地发掘学生的潜力，师生之间应注重互动。

第四，依据各高校的教学要求和教学资源，调整或重新设计大学英语课程体系，即针对不同的学习需求开设不同类型的基础课程、高级技能型课程、文化欣赏性课程和专业英语或双语类课程。

为了让课改的新理念更好地运用到课堂教学中，大学英语教学需要大量的"课堂观察"，主要观察课堂上学生思维是否得到开拓，学生是否具有独立思考和自学能力，教师教学的实用性和应用性等方面。

（二）"课堂观察"对英语教师专业发展的作用

教师的专业成长是一个多元、多层次的发展体系，教师的知识是教师专业化的基础。就教师的知识结构而言，教师知识可分为本体性知识（教师所具有的特定的学科知识）、条件性知识（教育学和心理学的知识）和实践性知识（关于课堂情境及与之相关的知识）。教师的本体性知识和学生的成绩之间不存在统计方面的关系，且并非本体性知识越多越好。与此同时，条件性知识也只有在具体实践的情境中才能发挥功效，对于教师的教育教学和专业成长而言，更为重要的是实践性知识。真正决定教师教学行为的是教师的个人理论及与此相关的教师实践性知识，而这类知识的获得因为其特有的个体性、情境性、开放性和探索性特征,靠他人的给予似乎是不可能的,更多地依赖于教师的自觉发现,它要求教师通过自我实践的反思和训练才能得到和确认,从这个角度而言,教师的专业成长过程在很大程度上表现为教师自我发展的过程。

1. 有助于促进教师专业发展

在教育教学实践中,教师专业发展的途径是多元的,有职前的专业知识培训、岗前培训和在职的学习、培训、进修,以及同伴互助等。但是从教师专业发展的动力而言,归根结底在于专业成长的主体——教师自身,换言之,教师本身的自主实践活动——教师自主认识自我、分析自我、完善自我是教师专业成长的根本动力。在内在动机的激励下,教师制订自己的专业发展计划,确立自己的专业发展目标,选择实现专业发展目标所需要的途径、方式和方法。因此,努力提升教师专业自主发展内在的意识和动力,就成为促进教师专业成长的最根本问题,而这种自我意识的产生必须立足于课堂教学实践,就教师职业的特性而言,这种自我意识集中体现在教师基于"课堂观察"进行的自我反思上。

基于"课堂观察"的自我反思是教师对自己在教育教学中所做出的行为,并对由此而产生的结果进行审视和分析。在反思过程中教师把自己当成一个理性的有理想、有见解、有独立判断和决策能力的人,对教学计划、教学行为以及教学对于学生的影响进行自评和分析。反思能力的养成是确保教师不断再学习的最基本条件,在反思过程中,教师能够拓宽教师的专业视野,不断激发追求超越的动机。教师在这种反思观察中不仅有利于改进自己的教学行为和教学实践,提高教学质量,同时教师自身也得到了成长。

"课堂观察"能够使教师真正认识课堂生活,激发教师的自觉发现、自我设计、自我反思。教师通过对自己和其他教师的"课堂观察",能够增进教师对自己行为的认识,增强对自己行为的责任心,促使教师系统地、批判性地反思自己的教育和教学行为,发展其自主性的专业判断力,使教师之间互相观察与反省,彼此之间协力合作,解决自身教学中存在的具体问题,并通过"课堂观察"研究,改进教学,提高教学质量,在使学生、学校在得到发展的同时,逐渐提高教师自身的素质,促进教师专业成长与发展,使教师教书育人的过程成为一个自我发展的过程。"课堂观察"是教师进行有效反思不可或缺的因素,观察能力和技巧是教师必须具备的专业素养,通过认真细致的"课堂观察",进而进行深层次的反思是促进教师专业成长的一条重要途径。

2. 有助于教师形成教学风格

独特的教学风格是教师专业成长的一个重要标志，教学风格的形成取决于他们在成长过程中逐渐形成的实践性智慧、教育哲学观，教育实践性智慧、教育哲学观的形成，不能脱离"课堂观察"这一根本基础。

教学是一门独立性较强且强调个人技能的专业，这一专业特性容易造成教师在经过若干年的工作后产生封闭及缺乏反省的心态，并由此产生职业倦怠。为了维系教师专业成长的长久动力，教师有必要多请其他教师和督导观察自己的课堂，主动呈现自己的课堂，供督导、其他教师观察。作为自身课堂的观察者，教师经过细致的"课堂观察"，进行深刻的反思，促成教师教学智慧的形成。另外一种观察形式，则是教师作为被观察者，在这种形式的"课堂观察"中，作为被观察者的教师愿意向观察者（同事、督导）敞开心扉，而被观察者由此观察到更为真实的东西，从而做出更有意义的分析。如果被观察者能主动邀请他人并且不介意暴露问题，而观察者又能积极回应，那么观察活动的研究性质就基本确定。

在教师与观察者的互动中，新的教学理念接受实践的检验，存在于教师心底的"缄默"知识浮出水面；在观察与被观察双方的深层次交流中，教师能对自己的教育观念进行客观的、理性的认识、判断、评价，进行有效的调节，能对他人的观点有选择地借鉴并最终形成教师个性化的、独特的、带有新特点的教育观念，推动教师教育哲学观的形成和发展，创造出属于教师自身的教育、教学风格与特点。教师接受"课堂观察"反馈后，能够使他们积极地改变对学生的态度及行为，而且更能意识到个人教学的优缺点。因此，"课堂观察"有利于教师发扬优点，克服缺点，形成自己独特的教学风格。

3. 有助于教师提高观察能力

在进行"课堂观察"活动时，教师要面向全体，对课堂的全面情况加以观察调控，使学生整体的教学效果达到最优化；也要根据课堂的具体情境，对课堂活动的某一点或某些学生的行为进行重点观察，以达到对课堂活动的全面把握。教师根据自身教育教学的实际，观察需要重点解决的问题，如可以选择如何有效管理课堂，也可以选择如何提高提问的有效性等，"课堂观察"就有了基本的方向，教师设计课堂、研究课堂、创造课堂都有了一个清楚的依托，便于教师加深对课堂的理解，使教师可以对自己关心的问题进行更加

第五章 "互联网+"思维模式下大学英语教师的专业培养

深入的剖析，探求解决问题的方法、途径，从而切实提高课堂教学效率。

通过对课堂教学的观察、分析、思考和判断，透过现象分析课堂行为反映出的实质问题，教师的观察能力逐步得到增强。例如，对课堂上其他教师提问的观察，就可以通过对教师提问的方式、提问的对象、问题的设计及对学生回答的处理方式等方面进行反思，探讨提问的有效性、生成性，并将反思的结果运用到新的课堂情境中。针对"课堂观察"后的反思再进行实践，经过观察、反思、实践、再观察，不断反复循环，促使广大教师的教育教学研究能力不断提高。

教师对自己课堂的观察，从某种角度上而言，更加注重的是对细节的观察；而教师观察别人课堂则在细节观察的基础上，使观察走向系统，有助于教师专业系统性成长。教师主动观察别人的课堂，一定是经过充分的准备，因此，教师能够根据自己的研究目的来选择"课堂观察"的策略；对观察的整个过程做出系统的规划。将对细节的观察置于一定的思维系统中，还能够在推动学生发展的总体目标下，根据教学目标对学生的相关技能的要求，拟出观察的具体内容，使细节与系统互为条件。通过对其他教师课堂的系统观察，能够提高教师"课堂观察"的客观性、科学性和整体性。

教师的专业化发展是在教师教育过程中，引导教师以其专业知识和教学经验为基本出发点，在教学实践活动中能够主动发现问题，通过思考、计划、实践和评价，寻求问题解决的办法，最后达到改进教学和自我发展的目的。在这一过程中，教师通过对教学活动的观察发现问题，对发现的问题加以讨论、研究、反馈。"课堂观察"和课堂研究为教师的反思性教学提供了保证。从教师专业化发展的角度而言，最适合的"课堂观察"，不是以评价为目的，而是教师能够以主体身份参与的"课堂观察"。"课堂观察"是观察方法，也是分析方法、研究方法。教师有意识地关注课堂发生的现象，敏锐地去观察课堂发生的事件，并进一步对一些在特殊场景下发生的不确定现象做出自己的解释和深入细致的分析、研究，增进教师对自己行为的认识，增强对自己行为的责任心，促使教师系统地、批判性地反思自己的教育和教学行为，发展教师自主性的专业判断力，积极主动地探究课堂中的活动模式，逐步地建构起能够解释的、属于自己的、独特的行动知识，不断提高对教育、教学规律的认识。

"课堂观察"必须运用理性的辨析，必须与教育教学理论形成互动。"课堂观察"用专业的眼光捕捉、解读教学现象与细节，使教学现象与细节较为准确和完整地呈现在教育理论面前。教师通过观察研究，改进教学，提高教学质量，在使教师的专业成长、学校得到发展的同时，也充分实现了教育的真谛——使学生各方面得到发展，使全体学生得到发展。基于平等、合作基础上的同伴听课方式为教师的职业发展提供了可能。对教师本人的教学活动、学生的学习情况、课堂气氛等的观察让教师有能力识别有效和无效的课堂行为，能够反省课堂存在的优点、缺点。学生观察课堂既能帮助教师获得透视课堂的另一渠道，又有利于增进师生互动、培养学生的学习主体意识。

总而言之，教学观察有助于教师专业发展的实践，有助于加强教师对课堂的驾驭能力，有助于教师教学风格的形成，有助于提高教师的观察能力，从而增进教师对自己行为的认识，增强对行为的责任心，由此促使其系统地、批判地反思自己的教育教学行为，发展其主动性的专业判断力，并通过观察研究，改进教学，提高教学质量，在使学生、学校得到发展的同时也使教师的专业成长成为一个自我发展的过程。

二、"互联网+"思维模式下大学英语教材的数字化建设

（一）大学英语教材的数字化建设方法

1. 英语教材的数字化建设要素

教材作为体现教学内容和教学方法的载体，是课程实施的主要组成部分，是实现教学目标的重要前提条件。教材不仅是教学的工具，而且是一定教学目标、教学观念及教学方法的具体体现。教材是教师使用得最频繁的教学媒介，对教材的进一步开发实际上是对教师进行知识更新和技能提高的再培训。通过开发利用教材进而实现教师的专业发展是英语语言教育界致力研究的一个重要课题。纵观过去英语课程的历次改革，它的教育价值、理想和语言教学思想等都是通过教材的实施得以实现的。每一次的课程改革都会造就一批英语教学名师。从某种意义上而言，教材的数字化建设对促进教师专业发展起着非常重要的作用。

教材数字化建设是对教材进行多层次、多角度、立体式的研究和开发，包含与主教材相配套的参考教材的整合、教学指导书和练习册的编写、多媒体课件的制作、教学思路的设计、教学个案的分析、使用教材的经验总结等。对教材数字化建设的过程，其实质就是以教材为基础，对课程全方位多角度地思考、整合、再开发、实施及完善与提升的过程。教师对教材进行数字化

第五章 "互联网+"思维模式下大学英语教师的专业培养

建设,不仅包括对教材的编排理念、教材体例的理解与熟悉,对教材及相关教学资源的整合及课件制作,还包括教师基于课程设置目标而对教材进行的再编写与后续开发。

教材的数字化建设,以现有教材为依托,既基于教材,又超越教材。教材的数字化建设可以从三个维度展开:首先,它是现有教材的灵活性、创造性及个性化的运用;其次,它是对其他教学素材、资源的选择、整合和优化;最后,它是自主开发其他新的教学资源。

自从实施英语教学改革以来,我国各个层次的英语教学不论是从教学大纲还是教材、教法等方面都发生了较大的变化。"互联网+"背景下的英语教学改变了传统的语法翻译法等低效的教学思想,更加侧重于以交际为目的、以培养学生语言交际能力为核心的教育理念。体现在教材的编写方面,则是改变了以往英语阅读文章加词汇及释义的编排方式,在教材中开始创设各种情境,通过开展各种活动培养学生在不同语境中恰当使用语言的能力。随着科技的发展、电脑的普及,计算机的辅助功能也在日常的教学中得以体现。越来越多的音频、视频材料及电子课件开始走入课堂,为学生学习英语提供了更生动逼真的语言环境。我国英语教材的整体研发与使用正朝着立体化的方向发展。教材的数字化建设主要包括以下要素:开发主体、开发维度与开发原则。

(1)教材开发的主体。

第一,教师是整个教学活动的灵魂,是教材多维开发的主体。作为教学任务的执行者及教学活动的组织者与指挥者,教师不仅要将教学内容加工成既有可操作性,又与学生兴趣及实际生活紧密联系的语言学习任务,还要在课堂的实际教学中,组织、激发和帮助学生参加教学活动,引导学生主动学习语言,完成学习任务。

第二,教师是学生学习的指导者和促进者。教师不但帮助学生确立学习目标,而且引导学生了解和分析自己的学习特点、学习风格、学习策略和效果,帮助学生找到实现学习目标的有效途径,并尽可能地开发学习的潜能,培养终身学习所需要的能力。

第三,教师是课程的实施者和积极开发者。教师不仅要适应既定的课程,还应积极地理解、领会课程设计者的主旨和意图,这就要求教师不仅要了解学生的现有水平、学习需要、接受能力和情感态度,还要尽力增强自己的教学理念,提高知识水平和教学实践能力,能够更好地理解教材编写者的意图,开发课程资源，精心进行教学设计，展现自己对课程、教材和教学的独特理解，彰显个人的创造性。

（2）教材开发的维度。

第一，语言维度。语言是一切教材内容的载体。英语作为外语，"语言"更是教材中最显性的成分。"语言"涉及的领域非常广泛，大体可分为语言内容和语言技能。语言内容包括语音、词汇、语法、话语和语体，语言技能则包括听、说、读、写、译等，它们一起构成了教材中的学科知识和技能培养，分布于教材的各个角落，渗透于各种解释、例子、课文、练习、任务之中。

教材开发就语言维度而言，通常需要探究：第一，包含了哪些语法项目，是否符合学生的学习需求，给学生的语法练习是否充分；第二，词汇的数量和难度是否恰当，词汇呈现采用任意呈现还是结构化有目的地呈现，是否需要专门的词汇教学，如何培养学生对词汇的敏感；第三，语音学习是否包括单音、重音、弱化、连读等训练，该采用何种方式来教学；第四，教材是否体现了语言的合适性，是否确定了学习者语言运用的情境和领域；第五，听、说、读、写四项技能是否充分覆盖，有没有综合技能的学习活动等。

第二，内容维度。内容是教材包含的情感、态度与文化等非语言方面，指教材的主题，选择的学科内容及通过教材所传递的社会文化价值观。语言与情境密不可分，语言不能单独脱离情境而存在。仅将语言作为抽象的系统进行研究是不能培养学生在真实世界中运用语言的能力的。教材必须如实地呈现语言实际运用的方式，与一定的主题和社会文化价值观相结合。内容维度需考虑教材是否适合学习者，是否能吸引学习者的兴趣，是否与学习者的知识体系相关；教材所体现的社会文化语境是否能被学生理解等。

第三，结构维度。教材结构是指教材内容组织的结构线索。语言学习内容都是按照一定的规律或理论，以某种方式来安排。选择哪些内容，按何种顺序排列都以促进学生的学习为目的。不同教材都是形式、功能、情境与话题等因素的结合，各种教材结构体系的区别只在于主次线索和侧重点的不同，教师需根据学生的实际接受能力选择合适的内容组织方式，调整内容的顺序和进度。

第四，能力维度。在实际有效的交际中，知识和能力是密不可分的。但两者的获取途径却有所不同。知识可以通过"呈现"或"发现"而学习，掌握后还可能会忘记；而技能则需要通过练习而掌握，一旦获得，就具有相对持久性。这就是人们常说的"教"知识，"学"技能。能力维度主要指语言

第五章 "互联网+"思维模式下大学英语教师的专业培养

技能和学习技能。

一是，语言技能是语言教材开发至关重要的维度。作为以语言学习为主要内容的英语教材，除要求学生掌握基本的语言知识，熟悉一定的社会文化价值观念外，其最终目的是要学生获得相应的语言技能，真正会应用语言。因此，听、说、读、写四项技能的训练是语言教材中必不可少的组成部分。教师对教材进行开发，要考虑：①这四项技能的培养是否在教材中得到了充分的体现，听力材料是否真实，难易程度是否与学生水平一致，录音是否清晰；②口语材料是否切合学生的生活情境，活动设计是否有助于学生的真实互动；③阅读材料的语言表达是否地道，材料是否充足，是否能真正提高学生的阅读能力；④写作活动的量是否适当，语篇组织与语体运用是否合适等。与此同时，教师还要注意开发综合技能学习的活动。学生只有通过各种各样的活动，才能真正锻炼自己的语言能力，学会运用语言。

二是，学习技能。相对于语言技能而言，学习技能则更具有广泛性。英语学科的学习技能主要指学生采用何种学习方法、策略和技巧去培养语言的听、说、读、写能力，它包括学习者采用的所有能促进语言能力发展的技能，如工具书的使用等。

（3）教材开发的原则。"互联网+"背景下的英语教材数字化建设以课程标准为导向，以实现教学目标，促进学生发展为宗旨。教师对教材的数字化建设是在课程标准的指导下对教材的调整、加工、处理，是教材编写者与教师和学生之间互相适应的过程，同时也是课程计划和学校实际教学情境的互相适应的过程。教师通过对课程标准的准确把握，对教材进行教学法或心理化的加工，调整或改变知识的呈现方式和传播途径，使教学内容更适合学生的心理特点和认知水平，引导学生掌握知识和技能，体验学习过程，挖掘教材多元的课程价值和意义。教材数字化建设可以分为教材的整合、删减与补充，教材的开发与编写，教学设计与课件制作等。

2. 英语教材数字化建设的步骤

"互联网+"背景下对教材进行数字化建设，通常要遵循：第一，教师要认真研读和把握课程标准。课程标准能够为教师的教和学生的学提供语言观、语言学习观和语言教学观的规范性指导。课程标准通常会对课程性质、目的、要求和任务等做明确阐述和规定。教师以课程标准作为教材开发的基本指导思想，因地制宜地灵活使用教材。第二，教师要确定教学目标并结合教学对象对之进行详细解读。教学目标确定的过程实际上是一般性目标具体化为特定目标的过程。教师要结合学科目标、课程目标、学生的认知水平、知识技能水平、学习动机、学习风格、学习期望等方面的特点及实际的课堂教学情况，确定、描述并细化教学目标。第三，教师在教学目标的引导下从原则、方法、维度策略和技巧等角度对教材内容、结构进行调整和加工，在此基础上确定教学策略，形成教学方案，设计课堂教学，制作教学课件。在教学过程中随学生的反馈和实际情况及时变通和调整，最后在教学行动后实施评价。

3. 英语教材数字化建设的方式

（1）增删与整合教材内容。教材编写者在编写教材的过程中通常会追求内容和体系的普适性，它并不是专门为某一特定的学生群体而制定的，教材的内容和体系与某个学习群体的需求难免有出入。因此，教师在使用教材时要充分考虑学生群体的特点和需求，对教学内容进行重新组织以增强教材对该学习群体的适用性。教师在教学过程中可以根据实际需求对教材内容进行适当的删减，对教材和教学资源进行合理整合。

第一，补充与删减教材内容。补充和删减教材内容是教师处理教材时常用的方法。教师对教材内容的补充和删减要清楚地知道补充和删减的目的、形式和内容，才能保证教材在教师的处理后仍然符合教材编写的准则、课程标准的需求及学生的需求。通常而言，对教材内容进行补充无外乎三个目的：①使教材内容和体系更完整、更全面；②使教材更加符合学生的需要；③使教学内容更加贴近学生的实际生活，增强教学内容的趣味性。换言之，补充教材的内容是为了弥补原有教材在选材上的不足，而且通过补充的内容能使教学内容更适合教学情境和学生实际情况，更能激发学生的学习兴趣等。

教材需要补充时，往往是这些原因：①课程标准要求学生应该掌握的内容在教材中没有体现或体现不够时；②教材各部分内容衔接不切合实际时；③教材呈现的内容不足以让学生对知识进行充分的理解和掌握；④近期校园内外、国内外发生的事件与学生和生活密切相关或是与所学内容有所联系。例如，在英语课堂补充英语文化背景知识，让学生了解英语国家或民族的历史地理、风土人情、生活习俗、行为规范、价值观念等方面的内容，可以帮助学生在了解英语国家文化的基础上正确理解和使用英语。

第二，整合教材和教学资源。教材内容的整合既包括教材内部某一单元知识的整合，还包括不同单元间相同或相近知识的整合、不同版本教材内容或不同学科知识的整合。教学资源的整合则是教师对所拥有的各种资源根据

第五章 "互联网+"思维模式下大学英语教师的专业培养

实际的教学需要进行筛选、重组和利用的过程。整合教材和教学资源能使教学更切合学生实际的认知水平和兴趣，使教学内容更容易为学生所接受。

（2）调整与设计课堂教学。调整教材的顺序包括单元间顺序的调整、单元内课与课之间的调整，还包括每一课课内板块的调整等。教材的编写虽然有从易到难逐步过渡的安排，但是难易没有绝对的标准。教师在使用过程中可根据教学需要对教材的顺序做适当调整，既可以综合各个板块的内容，也可以打乱编排的顺序，以寻求最佳的教学效果。

教学计划是教师根据教材内容所进行的预先安排，但教学活动却不是完全遵循计划而展开的，学生的主观能动性及不同的教学内容都会影响教学计划的实施。因此，教师可以根据教学内容的难易程度与学生对教材内容的理解和接受程度做适当调整，加快或减缓教学进度。而这需要教师在教学过程中不断地积累经验，熟悉教材，了解班级整体情况和学生个体情况，以期使教学取得最佳的效果，使每一位学生能学有所获，最终达到预设的教学目标。

（3）设计与制作教学课件。教学课件是根据课程标准（或教学大纲）要求，分析教学目标、教学内容、教学任务和教学活动，通过对展示内容、结构及界面的精心设计而加以制作的课程软件。现在意义上的课件基本是指多媒体课件，即根据课程的要求和教学需要，经过严格的教学设计，并以多媒体的表现方式和超文本结构制作而成的课程软件。课件制作能力已经成为教师专业发展的一部分。教师应当在新的教育理念下，借助教育设施与资源的信息化，在课堂设计中体现"以学生为中心"的理念，促进学生的能力发展。课件集各种信息素养于一身，是教师智慧和能力在多媒体条件下的体现。教师研读教材，将教材内容转化成可供操作的教案和课件，并通过教学实践检验课件的有效性，发现需要改进的地方，再求助于相关的理论知识，修正课件，如此不断地循环往复，形成良性循环，使教学水平得以不断提高。

"互联网+"背景下多媒体课件的制作是一种集教育、技术、艺术于一体的创作。一个优秀课件的设计、制作离不开教育科学理论的指导，同时也要求教师具备较高的教学水平及较强的技艺表现能力，将教学内容与多媒体表现形式紧密地结合为一体，使之更好地服务于教学。课件的设计与制作要遵循"源于教材，高于教材"的原则。"源于教材"是课件的主要信息内容基本来源于教材。教师要以教材为纲，把握住教材的主题和主要内容。课件的研制要服从、服务于教材，与教材内容相呼应；"高于教材"是从表现形式上对课件提出的要求，由于教材内容属于文本信息，在容量和表现方式上是有限的。而多媒体课件能传递听觉和视觉的信息，比传统教材更为直观。但教师也要注意，教学方法和工具总是服务于教学目标的。在教学过程中，无论采用何种教学方法和工具，最终都是为了更好地实现既定的教学目标。

（二）英语教材数字化建设与教师专业发展

教师的专业发展包含五方面内容：第一，协助教师改进教学技巧的训练；第二，学校改革整体活动，以促进个人最大成长，营造良好的气氛，提高学习成效；第三，教师的专业发展是一种成人教育，增进教师对其工作和活动的了解，不只是停留在提高教学效果上；第四，教师的专业发展是利用最新的教学成效的研究，改进学校教育的一种手段；第五，专业发展本就是一种目的，协助教师在受尊敬的、得到支持的、积极的氛围中，促进个人的专业成长。教师要善于选择为我所用的教材品种，善于利用教材资源，善于汲取教材的精华，善于使用并且超越教材，善于开发、编写、创作、再创作教材、教案活动和课件，善于评价教材的特质，善于研究教材的功能、效能、价值。

由此可见，教材的数字化建设与教师的专业发展是相互促进，相辅相成的。一方面，教师对教材进行数字化建设，能够促进教师教学能力和科研能力的发展；另一方面，教师自身专业的发展又使得教师具备驾驭教材、开发教材的能力，能实现对教材更有效的数字化建设。

1. 英语教材数字化建设能够促进教师专业发展

教师进行教材数字化建设，对自身专业发展的促进主要表现在以下三个方面：

（1）教师对教材进行数字化建设，能充分了解课程内容，有效整合教学资源，提高教学质量，促进自身教学能力的发展。教师是教学任务的实施者，是教学设计的主角，是教学活动的组织者。教师对教材进行数字化建设，必须熟悉和学习教材，熟悉教材的基础知识、教材基本结构的编排，了解课程专家通过教材所体现的教育目标、课程目标、知识和能力及价值观等方面的培养目标。教师在把握了这些内容的精髓之后，再根据自己对给定内容的理解和解读，结合学生的认知水平、行为习惯、思维特点、知识经验，紧扣课程标准对教材进行整合和处理，将教材各个知识点综合起来，灵活地使用教材，设计新颖的教学过程，实现教学效果的最大化，学生则成为教师开展教材数字化建设的最直接受益者。

（2）教师通过参与教材开发，能增强课程意识，完善课程体系，提高自身竞争力，促进教学科研能力的发展。科研水平在教师专业化发展中必不可少。优秀的英语教师应该能够把教学和科研有机结合起来：教学给教师灵感、发现课题、验证理论并开展实验；科研则能保证教师对教学的兴趣和教学的科学性、前沿性及时代感。

教师科研日益成为不断提高教师竞争力的重要途径，它是教育决策科学化的需要，是提高教师素质的需要，更是促进教师专业水平持续发展的有效途径。教师科研最大的特点是教学科研与教学实践的一体化，实践性、实效性、实用性很强，它侧重于教学经验的概括、提炼、升华。对教师而言，学生、教学活动就是研究对象，教室就是实验室，教师就是研究者，研究的问题产生于实践的工作情境中，研究的策略是从实际情境出发，根据情境需要随时检验，不断修正。

教师对教材的研究是教、研相得益彰的最佳途径。教师能在对教材进行数字化建设的过程中不断提高自身的教学科研能力。教学科研能力主要包括教师发现问题并恰当选题的能力，查询文献、阅读文献并对研究过程进行设计的能力，对搜集到的资料进行整理分析及文字表述的能力。教师在对教材进行数字化建设的过程中，需要不断探究课程目标如何根据培养需求而设定并通过教材得以体现，需要研究如何保证课程目标在实际教学中的有效实施，从而不断深化对教材的编排理念和课程的理解。

教师在对教材的数字化建设的行动研究中，发现有关教材和课程体系建设的研究问题，通过对发现问题的思考，选择有现实意义的、有预见性和创造性的可行性问题，并查阅相关资料，迅速准确找到所需要的资料，进行有目的、有重点、有选择的阅读。教师应对研究的过程进行设计，对整理后的资料进行逻辑和统计分析，努力发现所研究的事物的本质和规律，在此基础上再把自己潜心研究得出的新认识，新思想、新办法等诉诸文字，撰写教学科研论文或报告。教师在这一开发过程中，不仅能够加强自身对课程的理解，而且能逐步形成课程开发意识，开始对课程的发展和建设进行积极思考，发现有研究价值的课题，系统地学习相关理论知识，探究解决方法，在完善课程建设的同时也实现了自身教学科研能力的提高。

（3）教师在对教材进行数字化建设的过程中，通过协同合作，能够为自身的专业发展营造良好的氛围。教师的专业发展，不仅是教师个人的事情，还需要教师群体的共同努力，更需要外部制度、环境等给予支持。对教材进行多层次、多角度、立体式的研究与开发，需要集群体的力量和合作。与此同时，由于教材的数字化建设过程不是一个对以往经验进行剪切粘贴的过程，而是一个理性的促进教师专业发展的过程。教师的群体科研意识增强，教研的积极性和主动性就会被激发。对教材进行数字化建设，能够为教师提供交流和学习的平台，营造民主、平等、和谐、宽松的能引发思维碰撞和情感交融的良好的教研氛围。

总而言之，"互联网+"背景下英语教材的数字化建设，使英语课程更加贴近学生的需求，最大限度地促进学生的个性发展和综合英语语言能力的提高。同时，教师也能够提高教学和科研能力，改善教学效果，强化课程意识，积累和巩固专业知识，提高课程开发能力，促进自身的专业发展，在教材开发过程中获得全新的体验，提升自我价值，满足实现自我的愿望。

2. 教师专业发展对教材数字化建设的促进

教师作为教材开发的主体，其自身素质的高低决定着教师对教材的理解和掌握程度，影响着教材开发的广度、深度和精度，教师是实现教材有效开发的决定因素。教师通过提升自我，积累教学经验，提高自身的理论水平、教学水平、教学能力和科研能力，这样实现的自身专业的发展都能积极促进教师对教材的数字化建设。

（三）基于教材数字化建设的教师专业发展途径

1. 合理有效地使用教材

教材为教师职业生涯、学术发展以及教学技能的个性化发展提供了必要的基础。作为教学的载体，教材是教学大纲和教学计划在知识内容与教学目标上的产物；在知识的呈现方式上，则是教学法的体现与应用。教师对教材的认识水平决定了教师对教材的使用程度与使用水平，对教材进行研读、深层次把握是教师专业发展的一条有效途径。教师对教材的实际运用，从教学维度而言，主要包括三个方面：第一，对教学目标、教学内容的理解与取舍；第二，对教学环节、方法的设计与安排；第三，对教材联系的反馈、整个教材运用效果和经验的预知与回想。

教师对教材实际运用的三方面也揭示了教师运用教材的大致过程：第一，理解判断教材，获得教学目标、选择教学内容；第二，组织实施教材，采用一定的教学方法，安排教学活动环节；第三，预设和反思，检测教学效果，总结教材运用的经验教训，教师对教材的实际运用主要围绕上述三个维度进行。教材是编写者课程理念和教学思想的反映。通过对教材的数字化建设，

第五章 "互联网+"思维模式下大学英语教师的专业培养

教师不仅能了解"教哪些内容""怎么教",而且还能知道"为何要这样教"。

以语言学习为主要内容的英语教材,蕴含了教材编者对语言学习规律的基本观念。通常而言,英语教材有两种常用的促进语言习得的方法:第一种是直接呈现语言现象,讲解语言规则,解释语言运用,设置大量练习;第二种是在教材中编入大量语言实践活动,使学生能够大量使用英语,在用的过程中接触、理解、掌握语言。通过对教材的分析与研究,教师能够探究隐藏在教材中的深层次的学习规律,来判断编者采用的是演绎过程还是归纳过程,是综合学习过程还是分析学习过程,是过程导向还是结果导向等。在此基础上,英语教师帮助学生创造出模拟的目标语境,充分发挥教师在指导性习得中的作用,并积极鼓励学生进行语言实践活动,促进语言习得。

现代外语教材的编写原则通常体现一定时期的学科前沿理论和语言教学思想,反映当时主流的语言学习和技能培养的方法。教材是编者教学思想和教学方法的物化,全面有效地使用教材,就能充分挖掘教材蕴含的教学方法,为教师提供语言知识处理和技能培养的方法指导。教材中的"任务"是了解教材设想的窗口,教材设计者关于语言学习的最佳路径的假设正是通过课堂任务的性质而变得清晰,教师和学生的角色由此得到界定,教材中任务或练习的设计往往折射了编者的学习观。教师通过研究教材,理解教材内容是如何体现隐藏在其中的教学理念,领会教材编写者的意图,理解和学习编写者通过教材传递的教学方法,从而促进专业水平的提高。

如何从大量的语言素材中选择一小部分材料供学生学习,是教材编写者要考虑的问题。入选教材的材料通常要从语言材料的代表性、真实性和人文性等方面来考虑。对入选教材的材料进行细致分析,学习和探究材料入选的理由和原则,能帮助教师在整合教材资源、设计课堂教学、增删教学内容时提供方法指导,同时,也是教师进行校本教材开发和编写的有效学习途径。

2. 参与开发和编写教材

教师作为教材的第一使用者,作为实现教材编者与学生之间知识传递的桥梁,对开发和编写教材具有得天独厚的优势。教师在教材编写的过程中,通常必须考虑:围绕这门课程有哪些先进的语言理论、学习理论和教学理论,指导教材编写的课程要求,教材如何平衡发展听、说、读、写这四项语言基本技能,使用该教材的教师如何开展形成性评价和终结性评价,教材该如何照顾学习者的个性差异,教材是否考虑了教师教学和职业发展的需要,使用这本教材需要怎样的支持性教材材料和教学资源。而通过这些问题的考虑,教师对该门课程会有透彻的了解，而个人的科研和教学能力也会得到锻炼和提高。

教师参与教材编写的过程实际上是培养教师自主学习的过程。教师从以前传授知识为主，变为现在以指导、辅导学生的学习为主，成为学生建构意义的帮助者和指导者。教师通过领悟教材蕴含的自主学习理念，结合课程内容，激发学生的学习兴趣，努力创造符合教学内容要求的情境，提示新旧知识之间的线索，帮助学生构建当前所学知识的意义，并在可能的条件下组织和指导合作学习，使得这种意义建构更加有效，学生的自主学习能力得到培养，教师自身的专业素养也得到加强。

3. 参与课题研究和课程建设

一名教师只有走教学和科研相结合之路，才能将教育教学工作提高到新的境界。一定的教研能力是教师专业水平持续发展的保证，教师要实现专业的成熟，除具备娴熟的教学基本功之外，还必须对教育教学有所研究。对教材进行数字化建设，不仅能帮助教师摆脱对教材的过分依赖和崇拜，积极、自主、合理地选用和开发教学资源，应对教学情境中的种种不确定性，同时还能帮助教师发现教学实践中存在的一些具有研究价值的课题，参与课题研究；还能不断丰富自己的课程知识，逐步培养课程意识，完善课程建设。教师通过参与课题研究和课程建设，可以提高教师的士气，增进教师对学校课程的归属感，提高教师的工作满足感和责任感，使教师对教学和科研有更多的投入，并重建教师的知识观和教师与学生之间的教育关系，形成良性循环，促进教师专业的发展。

第二节 "互联网+"思维模式下英语教师专业能力发展

一、英语教师专业发展能力的具体内容

（一）英语教师专业发展的教学能力

教师的教学能力是教学活动得以完成的保障，是教师提高教学质量的核

第五章 "互联网+"思维模式下大学英语教师的专业培养

心因素,是教师专业素养的重要体现。在实践中理解教学,在实践中发展自己的专业知识和能力,在实践中规划自己的专业发展步骤与过程,应该是最根本,也是最有效的途径。

英语教学是一项涉及二语习得、教育学、心理学、认知学、社会学等诸多因素的复杂工程。英语教学从本质上不光需要解决"教什么",还需要解决"如何教"的问题。教师在个人实践教学过程中,应充分考虑教学环境、学生需求和水平、教材和大纲等众多因素,再结合教师个人的经验水平、个性品质等实施教学实践。因此,教学能力贯穿于教学过程的始终,是教师为培养学生综合素养的同时实现自身专业发展,有意识地影响教学效能的各种作用能力的综合体,是在认识和实践中生成发展的、有效完成教学工作及其相关活动所需要的知识、技能和态度的交互谱系,既需要学识认知的支撑,也是心理特征和个性素养的外显,并通过技能的行动方式反映出来。大学英语教学,除了传授语言知识和训练语言技能之外,根本目的是培养学生的自我学习探究能力及完善的独立人格。大学生除了有效学习之外,还应提升分析解决问题的实际操作能力和研究创新能力。"大学英语教师应借助创造性的教学实践和兼容开放的多元文化意识,全面塑造学生,将先进文化的精髓潜移默化地传递给学生,推动其科学精神与人文素养的共同提高,成长为胸怀博大、视野宽广、心系全球的世界公民。"[①]

同时,英语教学的内容强调时效性、实用性、共享性、思辨性。在信息技术飞速发展的时代,虽然大学英语课程具有相对稳定的结构,但大学英语的教学实践应体现知识与时俱进的特点,体现变通性和互动性,这也需要教师不断更新知识结构,在教学实践中不断总结经验,提升教学能力。大学英语教师应勇于打破和改变传统教学模式,争取创造更加真实多维的语言教学环境,提供多种渠道,运用现代化的教学手段,扩大学生英语学习途径,提高大学英语教学质量。

此外,大学英语教师应在"后方法"思想的指导下,根植于其所处的特殊的社会文化背景、特殊的教学环境和追求特殊目标的教师和学生,努力挖掘自身教学的特质,充分发挥自己的教学所长,并全面考虑本土环境、学校情况、课程设置、教学资源等多方面的教学特殊情境,结合不同的教学对象

---

① 徐玉苏,陈明瑶. "后方法"时代大学英语教师专业发展的叙事探究[M]. 杭州:浙江工商大学出版社,2017:209.

探索最合适的教学实践。

1. 提升综合品质能力

教师综合品质能力提升，可以从以下方面入手。

（1）人际理解和沟通能力指的是对他人需求、目的、愿望的理解能力，去感受他人的想法和感受，并且根据他人的动作和语言理解他人的想法，掌握他人言语和行动之外想要表达的情感内容，理解时还可以辅助相应的语言，让自己更好地理解他人想要表达的情感。要求高校教师能够了解复杂的根本问题，采取行动提供协助，对通过主动提出或观察得知的问题提供协助。

（2）成就导向能够引导个人向更优秀的目标前进，达到更高的绩效标准，绩效标准并不是固定的，既可以是针对过去表现而进行的改进，也可以是客观存在的、普遍认同的衡量标准，也可能是和他人做比较的标准，还可以是根据个体自身情况而设置的充满挑战性的工作，也可以是对未知的挑战，在改善绩效时，需要教师投入精力、投入资源和投入时间。尝试全新并具有挑战性的目标，采取积极、充分的行动面对挫折和失败，达成创新的目标。

（3）自我效能感是指当个体遇到挑战或者遇到挫折的时候，个体为达成目的、完成任务从心底涌现出的信念。纵观世界上的杰出表现者，他们大多数都是非常自信的，对于高校教师而言，自信心是非常重要的要素之一，有了自信心的教师会勇于挑战任务，会更愿意主动承担责任，也会使用更多的方法、更多的技巧和学生领导进行友好的沟通，更好地表达自己的意见，如果遇到工作冲突也能够更加自信，条理清楚地指明自己的立场，如果遇到失败，向他人承认自己的错误，采取行动改正问题。

（4）学习发展能够让自己从社会经验中吸取教训，有助于科学研究，有助于增加见识，提高学识技能，有利于教师未来的持续发展。高校教师要具备非常强的学习意识，要始终热切关注技术的发展以及领域的最新动态，当今社会提倡教师始终保持学习的心态，一边学习一边进步，与此同时也要求教师进行阶段性的自我总结，总结能够帮助教师更快地提升，有助于教师未来的全面发展。

（5）同理心能够让教师站在他人的角度来理解他人所经历的事情，了解他人的情感和感受，而且同理心能够让当事人从沟通中感受到教师对自己的理解。在同理心的要求下，教师可以站在他人的角度理解他人的感受，设身处地为他人着想。同理心是教师展开工作的依据，在教师的细心观察以及认真分析下，教师可以从他人的语言表情动作中感受到他人的情绪变化，教师可以根据他人的情感需求做一名真诚的倾听者，也可以说他人想听的话，能够更快、更好地和他人展开友好的沟通。

（6）知识和技能，是个体所拥有的特定专业领域的信息、知识和技能，并能指导自己的行为，完成相应任务的能力。要求高校教师成为学生工作领域的专家，具有资深、系统、交叉的专业知识和技能，在行业领域具有权威性，是学生工作中的榜样。

2. 增强心理调适能力

教师既要注重自身心理素质建设，也要加强学生心理素质培养，正确处理两者之间的关系，形成积极向上的学习氛围，帮助学生树立正确的人生观和社会观。高校教师在工作和生活过程中难免遇到各种挫折，当面对各种压力时能够自我调整，使自己从容面对压力和挫折，这是一名优秀教师应该具备的心理素质。教师心理调适的方面有以下方面。

（1）正确认识自我。从心理学的角度讲每个人都认为对自己非常了解自我，实际上他们会高估或看低自己，并没有做到客观地评价自己，这会影响准确的自我认识。所以要在教育教学实践过程中从不同的方面和渠道认识自己，从现实生活中提取有意义的参考信息，以客观中立的态度全方位认识自己，从而避免过多的主观因素影响对自己的正确评价。

现实生活中正确客观地对待自己，要注意自我接受，从心理上悦纳自我。每个人都具备优点和缺点，自我接纳就是要接受优点和缺点。很多人在接纳自我的观念上出现问题，导致产生心理问题甚至心理障碍。立足现实勇于接纳自我要做到有一定的能力实现合理的目标，注意不能进行不切实际的对比，将自己的短处和他人的长处做对比，这样会挫伤自信心。对于教师而言良好的自我观念有益于教师自身素质提升。

自我观念的形成离不开日常生活经验的累积。良好的自我观念与各种知识息息相关。教师要在工作中多接受新鲜事物，总结经验提高自身素质。教师在教学过程中通过积累自己教学经验和观察学生的学习状况，提升教学质量，达到教学目标。教师要总结教学方法，了解各种教学方法对学生学习效果的作用，这样对自己会有更深入的了解，自我认识就更客观，自我观念就越坚定，对自己也就更有信心。

（2）正确认识职业。高校教师虽然工作繁重、生活清苦，但如果教师有了这种认识和心理准备，就愿意教书育人、诲人不倦，就能够正确对待工作中的一切,也就具备了教师应有的心理健康的基本条件。

社会要不断进步,就要不断改革,教育也是如此。其实,人天生就有一种探究心理,个体的成长与发展就是新问题的探究、尝试和新经验的积累过程,从事教师职业的人尤其如此。积极投身教育教学改革不但是心理健康的教师的积极行为,同时也能给遭遇职业危机并处于心理危机中的教师带来新的挑战和工作活力。高校教师是一种帮助他人成长、服务整个社会的职业,教师的职业性质决定了要与周围的同事、领导、学生以及学生家长经常沟通联系。正确处理相互之间的关系对促进自身身心素质提高和达到教书育人的良好效果有很大帮助。教师的育人对象是学生,因此,师生之间处理好关系显得特别重要,不仅能够促进教师的心理素质朝着积极向上的方向发展,而且会对学生的心理素质产生正面积极的影响,更能有利于学生健康成长。教学过程中教师要尊重学生,与学生建立良好的沟通,做学生的良师益友,那么无形中自己的心理健康也就得到了保障。

(3)寻求多方帮助。寻求帮助是指高校教师在无力解决自己的心理问题时,求助于心理专家、同辈进行咨询、诊断与治疗。工作中有压力是正常的,但是当长期的压力导致出现心理问题甚至心理疾病而自身又不能自我排解时,就要需求心理医生的帮助。可以获得心理方面帮助的内容很多,如心理咨询、心理诊断,并根据得出的问题进行相应的心理治疗等。各个阶段的侧重点不一样,但总体方向是一样的。

(4)树立终身学习理念。社会飞速发展,新的知识层出不穷。高校教师如果不学习,势必造成信息的落后,就会跟不上时代的步伐,跟不上社会的发展,而大学生好奇心和求知欲强,特别喜爱并能接受新事物,要求高校教师要树立终身学习理念,只有不断提高自身综合素质,不断学习和掌握新的知识,尽快适应新的教学观念,掌握新的教学方法,达到新的教学要求,才能寻求新的发展,也才能真正拥有心理上的安全感。

(二)英语教师专业发展的学术能力

高校作为学术性的育人组织,其目标是整合教学与科研的功能要素,以开创研究活动,更好地培养一流人才,并通过该行动方向激励和规范组织发展。学科研究丰富教学内容,教学研究指导教学实践,两者均不可或缺。一位优秀的高校英语教师,不应只会上课,而应该是一位研究型教学者,能够将教学和科研有机结合,在发现课题、验证理论和开展实践中获得灵感,而科研

第五章 "互联网+"思维模式下大学英语教师的专业培养

工作则能保证教学的科学性、前沿性和时代性。

大学英语教学与英语学习的研究主要包括：教学过程研究、教学方法研究、教材研究、测试研究、教师研究、学习者研究等。教学过程研究包括具体的课程教学研究、教学改革研究、二语习得理论与英语教学及英语教学与其他学科间的交叉研究。教学方法研究指的是对教学方法的理论与实践、课堂的组织与实施、不同教学手段的合理使用、英语学习策略、课程设计等教学环节的研究。教材研究主要指的是大学英语教学所使用的教材及教学大纲的研究，如教材编写及评价体系的构建、教材建设与教程评介、多媒体学习软件的设计等。教师研究包括大学英语教师的教育与发展、教师角色和教师话语运用等与教师这一角色相关的研究。学习者研究是对英语学习主体的研究，包括学生英语能力和学习行为描述、学生语言学习观念及学生角色分析等方面的研究。测试研究是对英语学习者语言能力的评估手段，大学英语四、六级考试改革及试题库建设等教学评价系统的研究。

由此可见，教师应先转变观念，增强科研意识，培养科研兴趣和内化动机，认识到科研工作是教师的职责，是人才培养质量的保证，也是教师本身职业发展的关键。处于"后方法"时代的大学英语教师应树立"教学理论实践化、教学实践理论化"的信念，成为教学研究者、实践者和理论构建者的统一。教师应从课堂实践的经验中建构自己系统的、一致的、与教学密切联系的理论，以取代理论家施加于教师的那些教学方法。同时教学理论又必须经过教学实践的检验，不断得到修正与完善。因此，大学英语教师要争取自我发展，告别"被科研"，从教学中发现科研问题，进行源于教学、服务教学的科研，实现教研相长，实践严谨审慎的科研方法，既紧密结合英语教学，又强调科研方法，提高学术水平和科研素质。

同时，在我国大学英语教学研究中，教师应立足自身的课堂，不仅把课堂作为传授知识的场所，也把课堂视作提高教学效果的研究基地。根植于教学实践的复杂性、综合性、特殊性，教师应宏观了解教室里发生的一切，系统观察教学，解释教学事件，评估教学成果，反思具体的需求、形势、教与学的过程，学会批判地审视"自上而下"的理论运用模式，力图建构以教师为基础的"自下而上"的适合教学实践的理论体系。

大学英语教师学术发展的过程中，内因起着决定性作用，外部条件在内因的基础上起到形成性作用。宽松、互助、健康竞争、积极向上的学术氛围可以为教师的学术发展提供良好的空间。但英语教师在自己的学术共同体中得到肯定、支持、扶持，就获得了激励，就有积极主动的心态投身于教学与研究相结合的事业，提高学术中的悟性、敏感性和研究动机，敢于创新，勇于交流。个人的视野和能力终归是有限的，大学英语教师也需要依靠合作交流，才能拓宽视野，共享资源，克服发展过程中的障碍，及时获知较新的前沿学术动向。教师的科研意识可以通过团队论坛、座谈等形式得到唤醒，教师的科研能力可以通过科研交流、对话得到提高。大学英语教师需要树立较强的科研意识，设计课题，运用合适的方法与手段，探索教育、教学规律，并科学规范表达研究成果，积极参与国际国内同行交流，使自己的思维成果表现出开拓性、突破性、创新性，最终达到自我发展和可持续发展的目标。

（三）教师教学自主思想与行动研究能力

自主(autonomy)一词，源于古希腊的政治术语，是auto(自我)和nomos(法律)的组合，指自我规范和自我管理的国家特征。在教师自主领域中，教师自主主要表现在教师相信自己拥有足够的专业知识，在教学上是合格的权威人士；教师有权力根据自己的选择组织教学；教师自进入课堂之时即可将各种束缚暂时抛开，在课堂上形成自己灵活的、恰当的个性化行为。成功的教师的自主性体现在教学工作中的个人责任感，教师通过不断反思和分析，能够最大限度地把握教学过程中的情感和认知，并善于利用课堂的自主空间。

教师对自主的追求就是一种自我修炼和自我进步。为了获得自主，教师需要确定自己的职业发展目标，提高自己的观察能力、批判反思能力、独立行为能力和自主决策能力。

在传统教育理念中，"课程"被视为一种静态知识体系。传统教育理论家往往把教育活动分解为目标、大纲、教材、教法和评估等一系列制度化与管理化的课程元素。在这种课程体系中，教师及其教育活动被简单化和表象化，课堂实践呈现唯教材、唯教参、唯教案的倾向，忽视了教师的自主意识和自主价值观。同时，教师在教学中也会遇到各种制约，如上级管理部门的政策制约，机构主管部门的课程规章制约，考试的制约，教师地位的制约，资金和硬件设施的制约等。

然而教学是一项灵活决策、富于创造性的复杂活动，是课程的创造与开发。教师作为课程的有机组成部分，对建构和提升课程意义起到了决定性的作用。自主的教师具备教学选择的能力，对教学具有强烈的个人责任感，会对自己的教学过程进行不断反思和分析，以求在最大限度上控制教学过程，控制自己的职业行为能力。在具体的教学过程中，自主性强的教师能按照自己的意

第五章 "互联网+"思维模式下大学英语教师的专业培养

愿和方式，自由呈现教材、教学内容，自由创作、改进或超越课程内容，自由控制自己的课程、课堂以及课程目标，自由创设和营造课堂氛围，与学生简历融洽的师生互动关系，并自由培养和发展学生的学习自主性。

教师的自主教学强调教师在教学中的中心地位，赋予教师以权力和自由，充分发挥其积极性、主动性和创造性。因此，处于"后方法"时代的大学英语教师应主动打破传统观念，克服各种束缚，更加积极主动地投入教学，确立教师发展的自主教育意识，主动谋求教学上的自主发展，积极更新教学理念，培养学习者的自主学习能力，利用信息技术优化教学效果，促进行动，总结工作经验，提高实践能力，促进自主创新，提高教学效果。

另外，除了努力实现教学上的自主发展，促进专业发展的另一条有效途径就是进行学术上的自主研究。越来越多的教育工作者认识到了反思是学术研究的本质特征。反思型学术有助于教师凭借实际教学经验的优势，在实践中发现问题，通过深入的思考，寻求解决问题的方法和策略，将理论与实际相结合，产出理想的学术研究成果。

反思性行为有别于常规性行为，是对任何信念或假设，按其所依据的基础进行的主动、延续而周密的思考。教学不是墨守成规，而是在深思熟虑之后结合具体教学环境所采取的行动。教师并不是固有知识的传递或传播者，而是能批判性并富有想象力地回顾过去，能对事件的因果关系进行思考，能对事件的发生做出合理解释，能分析具体任务并制订下一步教学计划的具体问题解决者。因此，只有教学中及教学前后的反思才能帮助教师应对日常教学实践中的挑战，而不是过度依赖专家的指导。

教师能够通过自身了解的教学准则、实践活动和课堂教学过程对教学复杂性提出一些新颖的、富有成效的见解，而这些教学复杂性是远离课堂现实的专家们所无法知晓的。在教师教育领域，关于教师专业能力的具体内容尚未达成共识，但是普遍倾向于认为通过反思解决教学问题是必不可少的。教师只有在具体的教学环境中不断地反思，才能更有效地了解自身意识中的教育理论及其对教学行为的影响。同时，批判性和学术性的教学反思是大学教师专业发展中不可或缺的能力。没有理论反思和建构的教学可能会演变为主观经验的无意义累加。当教学上升到研究层面时，教师的反思应回到理论世界进行重建，以研究者身份系统提炼内隐的实践经验，发展为规范化、文本化的理论体系，教学经验也会从自然而然的动态行为转变为具有深刻内涵和无限外延的学术研究，推动教学理解走向深入。因此，教师在教学实践中应借助行动研究不断探究，解决自身和教学目的及教学工具等方面的问题，将学会教学与学会学习统一起来，努力提升教学实践合理性，使自己成为学者型教师。

　　另外，大学英语教师应增强科研能力，先要树立正确的科研意识。我们搞科研不仅是为了评职称，而且应该是基于发展的需要，提高自身能力的需要，升级教学水平的需要。理论和应用的研究，对教学起着直接或间接的促进作用。教师从理论中获得指导或启发，反过来也从实践中检验理论假设或找到新的研究问题。大学英语教师要全面了解自己的研究特长，积累更多的研究方法，学习更多的同行经验，阅读更广的研究成果，思考更多的得失成败，了解更新的学术动态，才能知己知彼，发现问题，探索创新，从单纯的教学型教师，逐步成为研究型教师和专家型教师，由"传道、授业、解惑"传统型教师，变身为"学术型"教师，实现教学与研究的同步发展，全面进步。研究型教师通过自我认识、自我分析、自我评价，获得自我发展，使自己的理性思维得到提高。通过对研究问题及解决问题的过程进行综合的考察、分析和思考，深化对问题的理解，优化思维的过程，揭示问题的本质，探索出一般的规律，沟通原有知识和新知识之间的相互联系，促进知识的同化和迁移，才可能有新的发现。

　　教师发展是个人的价值体现和生命意义，是自我尊严感和自信的来源。教师作为生命存在，都有自我实现的需求和愿望，具有专业发展的内在需求。大学英语教师的专业发展应以自我发展为目标，在教学与研究的过程中不断学习和反思，使自己的学术素养不断发展和完善。教师在这一过程中根据教学实际和前期成果展开自我设计、自我追求、自主探索，通过多种途径尽可能地厘清自己的价值观、学术追求和专业特长，用积极具体的行动和研究方法去争取自我发展的实现。因此，众多英语教师如果能将科研与教学有机结合，改变传统的科研观念，追求教研相依，就有望达到自我发展和可持续专业发展的目标。

二、"互联网+"背景下英语教师专业能力发展策略

　　当前，新一轮科技革命和产业革命正在孕育兴起，互联网、人工智能、3D打印、5G通信、纳米技术等先进科技的发展正在引领教育领域的重大变革，人们的知识获取途径、传授方式也发生了深刻的变化。"互联网+"时代，英语教师不仅要有较高的英语水平，深刻理解现代教育技术和理论，还应具

第五章 "互联网+"思维模式下大学英语教师的专业培养

备良好的信息化开发应用能力,能够把信息技术与学科进行整合。"作为新时代的高职英语教师,应迅速转变角色适应新的时代要求,抓住时机,利用先进的科学技术,使教学理念、教学方式以及学习方式朝着智能化、个性化、融合化的方向发展;推动师生从技术应用向能力素质拓展,适应信息社会发展的要求。"[①]

教师专业能力,是指教师从事教学活动中,顺利完成教学任务表现出来的稳定的个性心理特征和综合素质,是教师能够胜任教学活动所必需的主观条件。信息时代,教师专业能力的内涵也发生了演变,除具备传统教学中对学科的教学能力和职业能力外,还应具备开展信息化教学的信息素养、媒体素养、媒体技能以及创新意识。

(一)更新理念、提升信息素养

教师要具备信息化教学的技能,首先,要以现代教育观念作为教育教学活动的指导思想;其次,在整合技术与英语教学的过程当中,教师的技术认知、学科、教学等是动态融合的,其内在的联系构成了一个动态的整合技术的学科教学知识(TPACK)结构。作为英语教师,在整合技术时,需要着重考虑对技术的掌控程度、技术与学科的整合、应用技术时的思辨性这三个核心问题。

英语教师的 TPACK 是动态化和多元化的结构,它的主要内容可提炼为:首先,教师通过借助技术来促进学生的语言、交际、文化能力,并使用技术准确地表征目标语语言和文化;其次,教师通过分析语言习得和发展中的促进或阻碍因素,了解学习者知识能力,如语言知识、二语习得知识、认知发展理论等,逐步意识到新技术对现有知识的促进和改善作用,最后认识到技术给教师发展中的反思、合作、研究带来的机遇与挑战。

另外,英语教师对待技术的态度和认识,会对其使用技术的目的产生很大影响。如果教师能够意识到、并理解技术对教学会产生积极影响,或者教师能够具有反思意识,则他们会更愿意将技术整合到教学中。所以,教师应转变思想,认识到信息技术在教学应用中的优势,根据教学任务、学习对象和学习目标,结合具体的教学环境,合理运用媒体和资源有效开展教与学的活动,才能达到加强信息技术与英语课程的深度融合的目的。

[①] 黄雨."互联网+"背景下的高职英语教师专业能力发展探讨[J].海外英语,2020(1):96-98.

（二）强化英语信息化教学能力

信息时代，基于互联网连接、开发、共享是特征，移动互联、移动学习和移动教学已经成为当今信息技术教育应用发展的主流。教师不仅要熟练掌握用技术设计与实施教学的核心能力，包括较强的教学技术和方法运用、教学内容解读和资源建设、教学组织掌控、监测研究和教学环境营造等能力。还要加强信息的应用与创新能力，教学评价能力及教学反思等能力。

第一，教师要加强信息化教学设计能力。在进行信息化教学设计时，必须上升到一定的高度去看，学习目标的确定不能依据主观想象的或者个人意见，而是应该先从教学或学习任务出发，应建立在对学习者的学习特征、学习需要和学习环境进行分析的基础之上。学习目标确定后，要选择恰当的媒体工具和信息资源，并由此来确定学习内容，再结合环境和对象等来制定教学策略。并通过教学反思来看策略制定、效果评测、方案制定是否科学合理，是否能完成教学任务，这样才能编制出过程最优化的教学实施方案。

第二，加强信息化环境下的教学监控能力。为保证教学达到预期的目的，教师在教学过程中，对教学活动应进行积极计划、控制、检查、评价、反馈及调节，以推动教学活动顺利进行的能力，包括教学的计划和准备性，课堂教学的组织性、教学内容的驾驭能力与掌控程度、对学生进一步的敏感性、对教学效果的反思性、职业发展性等。教学监控能力涵盖的内容非常丰富，例如学生在网络环境下的学业不端行为，教师应采取措施进行有效监控，避免产生不良影响。

第三，加强信息化课程的开发能力。加强对精品视频公开课、精品资源共享课、SPOC（small private online course）的创新应用。只有好的课程才能帮助我们的学生好好学习。

第四，加强在授课时合理运用信息不同表征的能力。授课时，不同的信息表征方式可以使理论更加生动，抽象的概念更加形象具体，相同的内容可以有不同的表征方式，例如，PPT、音频、视频、flash 动画、图片的使用以及图表的使用（饼状图、线形图、思维导图等），我们应该丰富内容设计，让学生有耳目一新的感觉。

第五，提高信息化教学评价能力。信息化教学评价应由传统的总结性评价走向发展性评价，重视对学生学习过程的评价，而且评价贯穿于整个学习过程当中，并给予学生及时的反馈。

第六，提高教学反思能力。教师自我完善和自主发展的重要途径就是进行教学反思：包括从教师自我角度反思（录像法、日志反思）、从学生角度反思（学生评教、论坛留言）和从他人角度来反思（教师听课互评、专家指导、丰富的教育教学理论知识）。教师应借助信息技术、多媒体技术、网络技术等工具对教学设计、教学活动全过程及教学效果进行回顾、审视、分析和总结，形成更好地解决问题的方案。教学反思要有针对性、连续性、实践性和评价性，以此来促进教师专业能力发展，进一步提高教学质量并推动新课程的改革。

第三节 "互联网+"思维模式下英语教师专业发展策略

"互联网+"时代最主要的优点就是多媒体教学的应用，以数字形式展现教学内容。当前英语教学很多情况下还是采取传统的教学形式，即教师传授为主，但其难以满足教师的专业发展需求，联系"互联网+"时代英语教学中存在的优点，探索促进教师专业发展的有效途径，从而提高目前的高职教育水平，并且培养出具有高素质、适应当前创新创业背景的高职优秀人才，具有十分重要的意义。

随着国际化迅速发展，英语的使用越加频繁，高校英语的培养目标是学生的英语实际应用能力。就目前的趋势来说，这种能力是学生职业能力发展的必备素质之一，而且目前高校也以此为目标，将英语不断进行改革，使学生具备双语的能力，因此对于英语教师的要求将更高。教师除了具备基本的语言素质之外，还需要掌握信息技术、教育科研能力等，真正成为"双师型"教师。而只有教师不断努力，提升自己，追求更高的专业发展，才能实现双赢。

教师的发展主要是在教学态度、专业和实践三方面，那么联系"互联网+"提供的平台，英语教师应该不断提高自身发展的能力。而教师自身的发展需要教师个体和周围环境相互配合，其发展也具有长期性和实践性等特点。在这个过程中，英语教师需要抱着开放、合作和共赢的态度，不断去学习、反思。为自己争取更多的权利和发展空间。

一、加强"双师型"英语教师队伍建设

纵观人类的历史发展过程可以发现，无论是怎样的社会，何种类型的教

育方式，教师的参与都是成功的关键所在，教师的参与具有决定性作用。因此，针对当前教育改革的大背景下，英语教师的发展形势已经无法满足，需要积极转变形势，特别是提高自身专业素质，增强自身的教学能力。

目前是一个高度信息化的时代，伴随着电脑、手机等多媒体终端设备的普及和应用，作为教师，特别是英语教师，应该注重在学习中加以整合，利用闲暇的时间来进行有针对性学习。

"不仅注重自己专业相关的英语知识摄取，而且要利用非课堂等教学场所的补充作用，加大学习积累的力度。"[①]并将课堂内和课堂外结合起来，增加自己跨专业的背景知识，促进英语教师的自我不断成长和实现自我价值，尽快地向"双师型"英语教师转变。其中，英语教师要随时了解英语在用人单位更侧重哪些能力。主动积极参加各类行业的资格考试，提高自身的专业能力和认知能力。

二、营造良好的英语教师发展环境

处于"互联网+"的时代，学校作为管理者、组织者、倡导者和评价者，要更加提倡资源的共享利用。院校应在体制机制、时间、物质条件等方面为英语教师提供支持，特别是要健全考评机制、重视教师工作与专业知识的结合。积极为高职英语教师创造一个更加开放的平台，供其学习共享。通过为英语教师提供和谐友好的工作环境，为他们的专业发展提供更高、更广阔的平台。英语教师则可以根据平台优势，高效利用有利教育资讯，提高自身的专业能力，通过学校设立机制，增强认识，增加培训，进行科研攻关。将高职英语教学的先进知识灌输到课堂，使学生爱学习，将其培养成德、智、体、美全面发展的人。特别是鼓励英语教师到行业里挂职锻炼，了解社会中对高职学生的需求。并且注意选派教师出国深造或者引进外籍兼职教师，建立一支业务水平高、工作能力强的英语教师队伍。

三、利用"互联网+"构建终身学习意识

对英语教师而言，在平时的教学中先要认清自身，才能调动学生的学习积极性。"互联网+"时代，已经改变了传统的学习方式，建立起一种崭新的教学观念和模式。同时，这种变革也引起了社会各界的关注。教育是人类

---

① 王建红."互联网+"模式下高职英语教师专业发展研究[J].管理观察，2019（22）：153-154.

进步的阶梯，教师要确立终身学习的意识，将学到的新知识、新方法运用到高职英语教学中，增强自身的发展动力，感染学生，让学生通过更直观的方式理解知识，掌握方法。"互联网+"的手段，对教学质量和成绩起到了重要作用。作为英语教师，要努力突破传统观念带来的束缚，要对自身的角色进行合理的定位，不断创新，积极运用"互联网+"带来的现代信息技术，不断学习，为高职教育贡献一己之力。

第四节 "互联网+"思维模式下英语教师媒介素养提升

互联网时代的来临，为高校英语教师媒介素养发展提供途径，同时也对高校英语教师综合素质提出较高要求，在互联网时代背景下，"高校英语教师需逐步加强自身专业教学技能与综合媒介素质建设，不断推进高校英语教学改革，实现高校英语院校学生专业素质的全面提升，为社会培养现代化应用型人才"[①]。

一、"互联网+"思维模式下英语教师媒介素质的发展要求

在长期教育实践活动中，将具体教育经验总结和归纳为知识教育和实践教育两类，推行"知行合一"教育学理论，在教育界传播与应用最为广泛，在"互联网+"时代同样适用，对高校英语教师素质发展提出具体要求，旨在通过培养英语教师网络教育意识，引导高校英语教师将互联网技术作为高校教育体系中的重要组成部分，为学生营造优质的网络学习环境，激发和调动学生的学习热情与英语情感，加快实现高校英语综合素质教育目标。

互联网时代的来临，要求高校英语教师具备较强的政治意识，在国家教育部门相关规定的指导下，正确利用互联网技术与多媒体平台，熟悉并掌握互联网平台的使用章程，积极拓展和延伸高校英语教育教学内容，坚持教学方法和教学模式的创新，强化自身专业知识经验教育能力与职业道德素质，

---

① 赵珊珊."互联网+"背景下高校英语教师媒介素养发展途径探讨[J].湖北开放职业学院学报，2022（4）：167.

充分发挥"互联网+"时代的教育优势，全面提升自身媒介素养，为学生开创更加优质、高效、便捷的教育模式，加速高效英语课堂教学与网络在线教学的融合，确保教师政治素养发展方向的正确性，加快实现高校英语教师媒介素养由"量的积累"向"质的飞跃"方向转变。

二、"互联网+"思维模式下英语教师媒介素养的发展途径

网络技术与媒体平台的产生与发展，加速线上教育与课堂教育的融合，对高校英语教师教学水平及综合素质带来挑战，要求国家、高校、英语教师三方充分发挥自身作用，中华人民共和国教育部、地方政府及地方教育局要充分发挥自身职能，通过制定相关教育教学政策、加大资金和技术投入力度等方式，推进网络教育走进高校英语教学课堂，高校要积极引进网络英语教学设备，建设校内英语教育实践平台，英语教师要充分发挥自身的教育指导作用，利用高校英语在线教学系统，掌握英语线上教学软件应用技能，丰富网络教育教学内容，逐步构建以英语学科为核心的网络教育体系，提升教师综合媒介素养。

（一）强化网络媒介的教育理念

据当前高校英语专业教师媒介素养发展程度分析，教师媒介素养及综合素质的发展缺乏灵活且充足的素质培养空间，要求国家立足实际，针对高校英语教师媒介素养发展相关问题，提出有针对性解决措施，重点强调高校英语教育教学的"三全"理念，即全体、全方位、全过程，为社会相关领域及英语对口专业输送应用型、复合型、专业型人才，其间尤其需要加大对高等院校专业人才的教育，通过多种方式培养"四有教师"，在"互联网+"时代背景下，通过多种渠道、多种方式拓宽和延伸高校专业教师的教育知识，丰富教师教学经验，全面落实"教育兴国"目标，深入贯彻高校专业教育理念，强化高校专业教师的综合素质与教育教学技能。

除此之外，国家要在先进教育理念与教育方针指导下，加快出台高校英语专业相关教学规定，以国家政治、经济、文化、社会等方面建设成果为基础，综合运用网络技术手段和网络媒体平台，督促英语专业教师整合教育资源，以"新华网"为主要学习内容，利用"学习强国""法宣在线"等软件程序丰富自身知识经验，努力提升高校英语专业教师综合素养，培养英语教师良好的媒介意识，进而树立正确的网络媒介教育观，推动高校英语专业教师教育教学模式向现代化、网络化、媒体化方向发展。

（二）合理地搭建媒介培训平台

互联网时代背景下，各大高校要全面落实"科教兴国、人才强国"战略发展规划中的教育工作，加大对专业人才教育的重视程度，充分发挥高校在英语教师培养与专业教育中的指导性作用，通过对多种方式和渠道强化英语教师网络意识，积极引导教师树立现代化媒体教学观念，进而提升英语专业教师媒介素养，为学生提供高效的学习平台。

第一，各大高校要开设媒介素养相关的教育培训活动，加强英语专业教师岗前培训，组织年轻教师进行网络媒介技术培训活动，逐步强化和巩固英语教师专业教育思想与教学职责，提高其师德修养水平，鼓励和引导年轻教师树立"终身学习"理念，充分利用网络继续教育网站及相关教育平台，要求英语教师针对专业教学相关问题进行深入探讨和分析，通过网络教育教学资源，丰富自身知识文化，加快构建完善的英语教育教学体系，提升英语教师媒介素养。

第二，高校要积极搭建网络媒介素养分享平台，严格执行英语教学大纲，根据高校英语教师综合素质及媒介素养发展的实际状况，为教师制订全过程、全方位、多角度的网络媒介人才培养计划，鼓励和吸引英语教师广泛参与到媒介素养教育分享实践活动中，建立健全高校网络媒介素质教育教学体系，为英语专业教师综合素质的发展提供助力，全面落实高校媒介素质培养政策，进一步提高英语教师教学的专业性，同时高校要加快建立"传帮带"培养机制，通过与网络媒体相关专业院校展开合作，为英语教师提供和创造进修机会，利用网络平台和媒体技术，实现英语教育教学信息、资源、经验的交流与共享，不仅有利于培养现代化专业复合型人才，还对英语教师综合素质及媒介素养起到积极的促进和提升作用。

第三，高校要逐步丰富教师媒介素养培育内容，以网络媒介作为与英语教师沟通的桥梁，组织开展网络媒介教育培训工作，通过网络媒介选择、功能综合评价与平台利用等环节，传播和推广现代化网络媒介价值观，加速网络媒体与英语专业教育教学活动的融合，基于网络信息筛选与过滤功能，将不利于教师职业道德水平及网络媒介素养发展的培训内容进行及时剔除，充分发挥网络信息分析与综合评价功能，鼓励和引导高校英语教师利用网络媒体技术，正确分析和辨别网络教育教学资源和相关信息的准确性与真实性，逐步深化英语教师对网络媒介教学的认知与理解，从而提升教师网络媒介素养。

第四，高校要结合"互联网+"时代教育特征，为英语教师制定媒介教育政策扶持规划，通过多种方式和渠道，创新和更新高校英语教师媒介素养教育培养模式，打造适合网络社会发展的在线英语教育课程，逐步丰富和延伸高校英语专业教育内容，组织教学督查监管小组，对高校英语教师教学水平、教学效果、教学手段及教师综合素质进行阶段性检查与考核，督促英语教师团队之间进行网络媒介教学交流，通过教学评价与教学反馈机制，逐步优化和改善高校英语专业教育教学质量，进一步激发英语教师教学热情，为教师媒介素养的发展与提升奠定基础。

（三）教师要强化自身媒介素养

高校英语教师作为教学实践活动的主导者，其在进行专业教育教学工作期间，需顺应网络时代的发展和变化，掌握"互联网+"时代背景下高校英语教师角色及综合素质的变化规律，在国家和高校相关培养政策的指导下，逐步强化自身网络媒介素养，为学生提供更加丰富、优质的学习内容，拓宽学生英语学习渠道，构建网络时代下高校专业英语教育教学新模式。

第一，高校英语教师要加快推进网络媒介的内在化意识建设，通过多种途径开展网络媒体专业教育教学实践活动，在国家和高校媒体融合相关政策的指导下，树立终身学习的意识和观念，逐步落实网络媒体与英语教师的结合教育工作要点，利用网络技术与媒体平台，丰富和拓展自身的媒介教育知识，明确英语专业网络媒体教学目标，充分发挥网络媒介对高校英语专业教育教学活动的促进作用，优化和调整高校英语教育课程体系，实现英语教师教学模式与教育职能的转变。

第二，高校英语教师要确立团队化媒介素养提升战略目标，在英语专业学院内部，组建网络媒介融合教育教学团队，吸引校内经验丰富的老教师与充满活力的年轻教师参与其中，通过开展教学研讨会、网络媒介教育座谈会及专业教师教学经验交流会等形式，将网络媒介与专业教育融合的成功教学经验进行交流和共享，逐步打造教学资源丰富、师资力量雄厚、网络技术应用灵活的现代化英语专业教学队伍，加速英语教师媒介素养的发展和进步。

第三，高校英语教师要通过网络教育平台，构建立体化融合媒体教育教学资源库，充分发挥网络技术与媒体平台在英语专业教育工作中的应用优势，利用网络平台收集英语教学资源，加速优质英语教学资源科学整合，发挥网络教育教学资源的作用和影响力，为学生营造和创建良好的教学环境，加速网络媒介教育资源的整合，从而提升高校英语教师网络技术应用水平，促进教师媒介综合素养的发展。

综上所述，网络时代背景下，高校为实现现代化应用型、复合型人才培养目标，必须对英语专业教师网络媒介核心素养进行提升，要求国家、高校及教师从各自角度出发，逐步深化和落实网络媒介教育观念，共同探索新型网络媒介与英语教育融合教学模式，加速高校英语教育教学改革，进而提高英语教师的网络媒介素养。

第六章 "互联网+"思维模式下大学英语教学的评价体系

在"互联网+"的背景下,大学英语教学的形式更加灵活、多样,因此,对大学英语教学进行评价成为规范教学进程、提升教学效果的有效手段。大学英语教学评价是英语教学的重要组成部分,本章就对"互联网+"思维模式下大学英语教学评价标准、"互联网+"思维模式下大学英语教学评价方法、"互联网+"思维模式下大学英语教学评价构建、"互联网+"思维模式下大学英语教学评价实践展开论述。

第一节 "互联网+"思维模式下大学英语教学评价体系

"互联网+"下的大学英语教学评价指的是依托于互联网环境,以计算机网络技术为支撑,为了促进学生的学习,对于互联网教学相关的要素进行收集与分析,并根据一定的教学目标、教学评价标准,对所收集的信息进行科学评判的活动。

一、"互联网+"思维模式下大学英语教学评价的内容

"互联网+"下大学英语教学评价的对象是与互联网英语教学相关的所有要素,将这些要素进行归类总结,就能得出"互联网+"下的大学英语教学评价的主要内容。传统教育观认为,受教育者、教育者、教育内容、教学手段,也就是学生、教师、课程、教学方法,是组成教学的四个要素。根据这一观点,基于"互联网+"的大学英语教学评价的内容具体包含以下部分。

学习者评价、教师评价、课程评价和教学过程评价。这四项内容之间既相互独立又相互联系、相互作用，对其中一个方面进行评价时就会从侧面反映出其他三个方面的情况。

（一）学习者评价

学习者是大学英语教学的主体和中心，对学习者进行评价是大学英语评价的重要内容。"互联网+"下大学英语学习者评价主要可以划分为两个方面的内容：第一，对学习过程的评价，包括对学习策略、学习态度、学习动机、学习风格以及学习效果等的评价。第二，对学习结果的评价。"互联网+"下大学英语学习者评价，根据教学背景，还需要对学习者的计算机操作能力、网络信息获取能力与分析能力展开必要的分析。

（二）教师评价

由于互联网环境纷繁复杂，因此，教师在"互联网+"下大学英语教学中的作用愈加凸显。对教师进行评价，也成为"互联网+"下大学英语教学评价的重要内容。

新的互联网环境给教师带来诸多新的挑战，教学中教师的角色也发生了相应的改变。教师不仅是知识的传授者，而且是教学的组织者、学生的引导者与合作者。在互联网环境下，教师不仅要掌握一般的教学技能，而且要具备熟练驾驭网络教学的能力。所以，对教师的评价不仅包含传统的评价内容，还包括以下内容：计算机操作能力、对网络教学的组织能力、对网络教学方法的运用等。

（三）课程评价

课程的质量是影响和制约大学英语教学发展的关键因素，所以课程评价也是"互联网+"下大学英语教学评价的重要内容。具体而言，"互联网+"下大学英语教学课程评价主要包含以下方面的内容。

第一，对互联网大学英语教学系统的评价。互联网大学英语教学系统评价具体包括对教学系统的评价、对教学管理系统的评价、对资源库系统的评价、对支持与维护系统的评价。对"互联网+"下的大学英语教学系统的评价，可从三个方面进行：课程的界面、课程的兼容性和课程的产品质量。其中，课程的界面评价主要是对互联网课程的导航设置、导航功能以及操作性进行评价。课程的兼容性评价主要是对互联网课程运行所需的环境与条件进行评价。课程的产品质量评价主要是对图形、文本、格式等进行评价。

第二，对互联网大学英语课程教学设计的评价。具体而言，对"互联网+"大学英语课程教学设计的评价主要包括以下内容：教学目标、课程说明、教学目标与教学内容的一致性、教学反馈的设计等。

（四）教学过程评价

教学过程直接影响教师授课效果和学生对知识的吸收效果，因此，教学过程评价也是"互联网+"下大学英语教学评价的重要内容。具体来说，对教学过程的评价主要是指对教学中所使用的教学方法以及开展的相关教学活动的评价。

为了保障教学评价更加科学与有效，除了需要对上述教学评价的内容进行研究外，还要重视对"互联网+"下大学英语教学的评价标准、评价方法以及元评价的研究。

第一，任何评价都需要一个科学的尺度作为判断的标准。"互联网+"大学英语教学评价标准设置得是否科学，对评价的结果有着直接的影响作用。

第二，"互联网+"下的大学英语教学评价与传统的大学英语教学评价有所区别，这种区别在评价方法上有着显著的体现。那么，"互联网+"下的大学英语教学评价有哪些方法呢？这也是"互联网+"英语教学评价值得研究的方面。

第三，元评价就是对评价本身的再评价。其评价结果可靠与否，直接受评价方法的恰当性和科学性的影响。元评价可对以上四种评价本身进行判断，对保障评价结果的真实性具有重要意义。

二、"互联网+"思维模式下大学英语教学评价的标准

对"互联网+"下的大学英语教学进行评价，必然会关注评价的质量，即是否真正地改进了教学状况，是否反映了学生的进步情况，是否为教学提供了可靠、有效的信息等。这些就需要"互联网+"下的大学英语教学评价遵循一定的标准。

（一）一般评价标准

作为一种大学英语教学模式，其评价必然离不开基本的大学英语教学评价标准。只有在一般评价标准的基础上，才能更深层次地探究特殊的评价标准。为了确保评价的质量，大学英语教学评价首先需要遵循信度和效度这两

大标准。

1. 信度标准

在大学英语教学评价中，信度就是一致性，其主要包含三种形式：稳定性信度、复本信度、内部一致性信度，这三种信度是不能相互替换的。

（1）稳定性信度。所谓稳定性信度，是指测验结果跨时间的一致性程度，即使测验进行的时间、场合不同，其结果应该大体是一致的。为了考察在不同时间评价结果的稳定性程度，往往需要间隔一周到两周的时间，然后再进行重复的测验。因此，稳定性信度又可以被称为"重测信度"。

一般而言，计算稳定性信度的方法有两种：一是计算前次测验与第二次测验之间的相关系数；二是求两次测验间分数所处类别没有变动的人数比重（按%计算）。这种确定信度的方法被称为"类别一致法"，可以用以确定哪些学生可以不用再学习某些知识点的情况。

（2）复本信度。所谓复本信度，是指等值的测验复本间的一致性，该信度主要解决两个等值复本或多个等值复本间是否是真正等值的。但是，对同一测验进行重复使用是不公平、不合理的，因为后一批接受测验的学生有更多的练习机会，他们的测验结果也会明显高于先前接受测验的同学。基于这一问题，教育者往往会选用复本。

一般而言，对复本信度进行确定的步骤与上面的计算稳定性信度的方法有些相似之处。给同一组被测试者两个测试复本，但两次测验间最好间隔较短，或者没有时间间隔。得到被测试者的两次测验的分数，计算两个复本间的相关系数。

（3）内部一致性信度。内部一致性信度与稳定性信度、复本信度不同，其关注点并不在于被测试者在测验分数上的一致，而是着重于测验题目之间在功能上的一致，即测验题目的同质性。并且，在测试次数上，稳定性信度和复本信度需要测试两次，而内部一致性信度只需要测试一次即可。

一般而言，内部一致性信度包含如下几种不同的计算公式。针对判断正误的题目，采用库德－理查逊的 K-R 公式。针对可以计不同分值的题目，采用克伦巴赫的克伦巴赫 α 系数。在教学评价中，信度是核心概念之一。如果一个测验的信度较低，那么根据测验的分数是得不到准确答案的。因此，务必要记得评价所连带的利害关系越大，就越需要对信度予以更高的关注。

2. 效度标准

除了信度之外,另一个重要的评价标准就是效度。效度的意义在于：评价准确,其对于改进策略的质量是有利的；评价错误,那么就可能会误事。所谓效度,即准确性,是指在评价结果的基础上对做出的推论的准确性。一般而言,评价的效度由三种效度证据来决定：内容关联效度、效标关联效度、结构效度。

（1）内容关联效度。所谓内容关联效度,是指测验内容对所要推论的评价范围的代表程度。其中评价范围主要包含知识、态度、技能等。因此,在确定测验内容的代表性、抽取样本进行检测时,评价范围中的所有内容都具有应用性。一般而言,对内容关联效度进行证据收集的办法有两种：一是通过外部评价；二是通过测验编制,从而确定内容关联效度。

（2）效标关联效度。所谓效标关联效度,是指评价成绩对学生在外部校标成绩上的预测程度。这与前面所述的内容关联效度类似,其能够指导测试者决定他们可以从多少程度上相信以成绩作为基点对学生的推论情况。但是在证据收集上,效标关联效度与内容关联效度还是存在明显区别的。效标关联效度只单单应用于需要根据评价结果来预测学生在之后的效标变量中的表现的时候,因此是具有明确的使用范围的。一般而言,效标关联效度最普遍的应用形式就是对学生在能力倾向测验的情况进行计算,进而与后来的学业成绩进行对比。

（3）结构效度。所谓结构效度,是指经验性证据对某种结构的存在性进行确定的程度以及运用评价工具对这一结构进行测量的程度。一般而言,结构效度的证据收集往往是非常直接的,主要包含如下步骤：根据已经理解的被测试结构的运行机制,对被测试者在这一测验上的表现程度进行一个或者两个假设。对经验性证据进行收集,并检验上述假设能否证实。在方法上,搜集结构效度的证据往往会采用不同群组法、干预法、相关测验法。不同群组法是由于不同的人群其结构概念的表现不同,因此其测验的结果也应该不同。干预法是在接受某种干预后,被测试者在评价中的表现会呈现不同的变化。相关测验法是指由于两个测验测的是同一结构,因此其测验的结果应该存在着某些相关性。

总而言之,从测验的发展历史上说,人们习惯将信度与效度作为测验的标准,其实它们还是评价的标准。从微观层面上来说,信度和效度是保证评价质量和方法的需要；从宏观层面上来说,信度和效度是评价学科发展的历史必然。

（二）特殊评价标准

"互联网+"下的大学英语教学评价标准并没有一个统一的认识，但是美国20世纪初开发的《在线学习的认证标准》是当前最有影响力的评价标准，也是被很多专家学者认可的最可靠的标准参照。这一标准主要是从三个层面对"互联网+"下的大学英语教学进行评价，即可用性、技术性以及教学性。可用性评价标准主要针对的是用户进行网络多媒体学习时操作是否方便；技术性评价标准主要针对的是网络多媒体课件的安装及在其运行时的技术指标；教学性评价标准主要针对的是教学目标、教学内容、教学媒体、教学策略、教学评价等，并且教学性评价标准的比重是最大的。

综合而言，这一特殊的标准具有科学性、具体性、全面性及可操作性，受到了广大网络多媒体英语教学研究者的认可和欢迎，是目前应用比较广泛的一个评价标准体系。

三、"互联网+"思维模式下大学英语教学评价的实施

"互联网+"下大学英语教学评价的实施是一个科学、完整的过程。下面具体对其实施意义、条件与原则进行总结，从而为后续章节的具体展开奠定基础。

（一）"互联网+"思维模式下大学英语教学评价实施的意义

"互联网+"下的大学英语教学是互联网技术与现代教育理论相结合的产物。而为了使互联网技术能够更好地为大学英语教学服务，在进行计算机的装备时，必须要了解如下问题。

第一，解决互联网环境教学的信息资源问题。

第二，解决互联网环境教学的课程改革问题。

第三，解决互联网环境教学中师资力量的培训问题。

第四，及时对互联网环境教学进行评价。

因此，"互联网+"下的大学英语教学评价有着重大意义，是当前互联网环境教学的重要组成部分。首先，"互联网+"下的大学英语教学评价能够监控学生的学习，保证学生的学习质量，促进学生的发展。根据学生在学习活动中的各种表现，对其学习过程、态度、效果等进行评价，有助于为学生调节、计划、指引、暗示等方面的学习提供支持。根据评价的结果，教师

第六章 "互联网+"思维模式下大学英语教学的评价体系

能够更有效地指导学生的英语学习，对自己学习中的不足进行弥补，最大限度地将学生的潜能挖掘出来。其次，"互联网+"下的大学英语教学评价还有助于促进教师的专业发展。这是因为，教师评价的目的主要是对教师工作现实和潜在价值做出判断。

（二）"互联网+"思维模式下大学英语教学评价实施的条件

要进行"互联网+"下的大学英语教学评价，得出该评价要比非网络环境评价更具有优势的结论，就必须对不同学校、不同专业、不同班级进行分析和综合。由于学校不同，其开展"互联网+"下大学英语教学的情况是存在差别的，无论是硬件还是软件都会存在不同，因此，参与评价的学校需要满足如下前提条件。

1. 系统应满足的要求

"互联网+"下大学英语教学系统应该具备如下基本功能。

（1）制作、收集、管理、存储各类多媒体素材和教材，这些信息可以随时提供给系统和多个终端。

（2）通过系统中的任意一个多媒体终端机，为教师备课和优化教学设计创造良好的教学环境。

（3）设置互联网环境终端机和显示设备，为开展互联网环境下的课堂教学提供有利条件。

（4）学生利用交互式的互联网环境教学终端机，不仅可以进行补课、查询、复习，还可以利用各个学科软件配合相应的设备开展小组教学，进行仿真的练习。

（5）该系统可以为各科教师、研究人员的科研工作提供各种类型的资料，为科研工作、教学管理提供有力的支持。

2. 教师应满足的要求

作为教育者，教师是教学的组织者，在教学中起着重要的指导作用。在互联网环境下，知识的传递和信息源都来自网络环境，而教师将主要的精力放在自己学生身上。教师需要运用计算机进行正确指导，让学生学会使用网络环境设备，以获取其需要的信息。

3. 学生应满足的要求

在教学过程中，学生的身份首先是教学的对象，教学的效果和质量都可以从学生的身上看出来。在教学活动中，学生是教学活动的出发点和落脚点。在网络环境下，学生在教师的指导下按照自己的学习进度来控制学习进程。因此，教师应该让学生掌握计算机的操作和使用，并抓好计算机的阅读和写作方法，自觉按照自己的进度来解决学习中出现的问题。

4. 教材应满足的要求

在"互联网+"下的大学英语教学中，其不仅包含书本、音像教材，还包含多媒体教材。对于多媒体教材来说，其需要满足如下要求。

（1）多媒体教材需要满足科学性的要求，即内容要正确、要符合逻辑、要层次清晰、要符合场景等。

（2）多媒体教材要满足教学性的要求，即选题要恰当、重难点要突出、要能够促进启发和思维能力的发展等。

（3）多媒体教材还需要满足技术性的要求，即声音、图像等设计要合理，画面要清晰，声音要清楚，声像要同步。

（4）多媒体教材要满足实用性的要求，即界面要友好、容错能力要强。

（5）多媒体教材要满足艺术性的要求，即要创意新颖、要节奏合理、媒体要选用恰当、要具有表现力和感染力。

5. 教学媒体应满足的要求

在选择和使用教学媒体时，需要满足如下要求。

（1）教学媒体要坚持抽象层次原则，即教学媒体所提供的抽象和具体程度都分为不同层次、不同等级。

（2）教学媒体要坚持最小代价原则：一是在内容上要满足教与学的需要；二是在所花费的人力、物力、财力上等要最少。

（3）教学媒体要坚持多重刺激原则，即从不同侧面、不同角度，使用不同方式将同一内容表达出来。

（4）教学媒体要坚持共同经验原则，即设计和选择的教学媒体应该与学生固有的经验有着某些共同的地方。

6. 教学方法应满足的要求

"互联网+"下大学英语教学的主要应用模式有小组教学、课堂教学、个体化教学等，因此教学方法设计时应该根据学生的具体特点而定，只有这样才能激发学生的兴趣，促进学生进行记忆与理解。

（三）"互联网+"思维模式下大学英语教学评价实施的原则

原则是规律的反映，教学评价原则反映的是"互联网+"下大学英语教学评价的规律。要想对"互联网+"下大学英语教学评价有一个真正的把握，还需要掌握一定的教学评价原则。根据这些评价原则来选择评价手段和方法，才能与教学评价规律相符合，才能与教学规律相符合。

1. 客观性原则

"互联网+"下的大学英语教学评价需要坚持客观性原则。教学评价的客观性原则是指评价中不能主观臆断，而应该实事求是，不能掺杂个人的感情。在"互联网+"下的大学英语教学工作中，教学评价具有很强的科学性。一般而言，评价是否具有客观性往往对教学效果产生直接的影响。如果评价是客观的，那么就有助于促进教学目标的实现；如果评价是不客观的，那么教学就会远离预定的目标。因此，教学评价中必须坚持客观性原则，即要求教学评价要根据一定的教学目标来确定评价的标准，并结合多重因素，考虑该标准是否能够得到人们的认可。评价的标准确定之后，任何人不得更改，这就能较好地体现客观性原则。

2. 差异性原则

差异性原则是"互联网+"下的大学英语教学评价实施的首要原则。由于受生活环境、家庭背景的影响，每一位学生都会有自身的个体特征，即每一位学生都存在着自身的差异。另外，在教学过程中，教师对不同的学生也会有不同的指导，这也导致学生的发展存在很大差异。因此，针对这一情况，在进行教学评价时，需要遵循差异性原则。

在"互联网+"下的大学英语教学评价中，教师首先对不同学生存在的差异性有一个基本的认可，并根据不同学生的水平和要求来制定不同的学习要求，在这一基础上建立一种和谐、平等、尊重、理解的师生关系，也有利于构建良好的课堂教学氛围。在这样的教学氛围中，学生才能积极地发表自己的观点和见解，在教师的鼓励下充分地发挥自己的个性。

对于中等以上水平的学生而言，教师给予适当的指导即可，从而更好地促进学生的长远发展。对于中等水平及以下的学生来说，教师需要不断地对他们进行鼓励，灵活地运用各种教学手段调动学生的主动性与积极性，最终提高学生的学习能力。

3. 导向性原则

之前提到，教学评价是根据一定的教学目标制定的，其通过对比现状与目标间的距离，能够促进被评对象不断与既定的目标相接近。因此，教学评价具有导向的功能。

"互联网+"下的大学英语教学评价并不是单一的评价问题，其评价目标也不仅仅是评优与鉴定，而是在此基础上引导教师更新观念，将新的观念在具体的教学过程中展现出来，也激励教师在内心深处产生一种研究欲望。在对教学活动的评价上，教师需要充分调动教师和学生双方的积极性和主动性，力求为教学双方在教学活动中展现自身的潜质，构建出恰当的评价方法与体系。但是，在构建评价体系标准的过程中，发挥评价的导向原则是必然的，并将这一原则贯穿始终。

4. 开放性原则

在"互联网+"下的大学英语教学中，开放性是最重要的特征。在"互联网+"下的大学英语课堂中，学生的心态、思维等处于开放状态，教师也需要将学生的思考、体验、领悟、探索等能力激发出来，因此对其评价也必然是开放的。

开放性教学评价虽然遵循了教学评价的基本标准，但是并不是统一不变的。例如，开放式的课堂导入强调开放的发散性、合理性与深刻性。在这样的教学中，教师要注重学生的个性化，鼓励学生展开发散性思维，主动展开探究性学习和合作学习；对于教学中的提问，学生也愿意主动回答，内容也强调延伸性和推进性；在作业的布置上，教师要保证内容的拓展性和实践性。从这些层面来看，英语教学都坚持了开放性的原则，符合开放性的标准，有助于教师和学生形成符合自己的教学和学习风格。

5. 发展性原则

发展性教学评价原则是根据发展性理念，提出一定的发展性目标和发展性的评价方法以及技术，对教学过程中教与学的状态进行价值评判。与传统教学评价指标不同，发展性教学评价不仅注重教师的主导地位，还注重学生的主体地位。对学生进行学习评价是发展性教学评价的核心。

在"互联网+"下的大学英语教学中，教师应该构建创造性、教育性、操作性、实践性的且以学生为主体的教学形式，让学生主动参与和思考，主动实践，以实现学生综合能力的发展。过程与方式、知识与技能、情感与价值观是发展性教学评价原则的重要内容。

6. 针对性原则

教学评价具有明确的针对性，其往往是针对教学中的具体问题进行的，这在"互联网+"下的大学英语教学评价中也是非常明显的。对于教师和学生而言，如果教学进行得非常顺利，师生之间也配合得更为默契，那么就需要进行教学评价，以帮助教师和学生总结经验，便于推广；如果教学进行得不顺利，出现了较多的问题，那么也需要进行教学评价，从而帮助教师和学生解决教与学的问题，便于之后克服这些问题。

此外，如果教师改变了教学方法与手段，也需要进行教学评价，以确定该教学方法是否发挥了效果；如果学生积极性不高，也需要进行评价，以增添学生学习的自信心，活跃课堂气氛，扭转这一教学局面。

总而言之，"互联网+"下的大学英语教学评价具有极强的针对性，但是它针对的不是积累层面，而是过程层面；不是结论层面，而是诊断层面；不是总体层面，而是具体层面。

第二节 "互联网+"思维模式下大学英语教学评价方法

"互联网+"下的大学英语教学评价可以采取学生自评、同学互评、专门调查以及学习日志等方法。

一、"互联网+"思维模式下大学英语教学评价之学生自评

在"互联网+"下的大学英语教学评价中，学生自我评价是一个重要的方法，体现了以学生为中心。通过学生自评，不仅学生能够发现自己学习中的问题，并寻找改进措施，而且教师也可以了解他们的学习态度和成果。

"自我评价的内容包含学习过程、学习态度、学习手段、努力程度、学习优缺点、学习结果等。在自我评价中，教师需要做到两点：一是根据评价目的制定自我评价表，引导学生进行自我评价；二是通过与学生讨论自我评

价的结果和过程，了解学生的学习态度。"①一般情况下，自我评价法往往采用电子自评表和自我学习监控表两种工具。

（一）电子自评表

电子自评表对于教学评价的效率来说至关重要，而且操作起来也非常省时、方便。一般而言，教师可以选择在互联网课程结束之后发送给学生，让学生对自己的学习进行自评。

（二）自我学习监控表

自我学习监控表是对学生学习过程进行监控的表格，在大学英语教学评价中有着十分重要的作用。使用自我学习监控表应注意以下步骤和事项。

第一，使用该表前，教师需要向学生介绍该表的用途和操作方式，便于学生认识和使用。

第二，在新单元学习之前，教师可以让学生从自己的实际情况出发，提前制定一个理想的目标，然后在活动栏中写上自己的预期任务。在之后的学习过程中，学生可以根据这些任务和目标监控自己的学习进度。

第三，尽管在使用学习监控表时，完成预期目标和任务是学生的事情，但是教师也需要参与其中，需要时刻提醒学生对自己的目标和任务进行检查，为他们调整下一次的目标和任务给予指导意见。

二、"互联网+"思维模式下大学英语教学评价之同学互评

"互联网+"下的大学英语教学注重同学之间的协作，因此，通过其他同学对其进行评价也是很重要的一种评价方法。同学互评这一评价方式主要是通过学生之间的了解、合作和沟通来实现的。因此，在同学互评中，沟通和合作技能是非常重要的两个因素。这是因为，不同学生，其沟通能力与合作态度存在差异，再加上同学之间的信任程度也不同，因此进行同学互评还是需要一定的时间培养的。在首次同学互评时，教师可以采取一定的办法辅助执行。

需要注意的是，同学互评需要遵循一定的原则。例如，在谈论自己的观点和发表评论时，学生不能进行主观臆断，应该有理有据。因此，教师可以

---

① 黄燕鹂."互联网+"背景下大学英语教学体系的反思与重建[M]. 成都：电子科技大学出版社，2018：228.

同时让几个学生来评价一个学生，每个评价者都需要根据客观事实来写评语，且评语的重点应放在被评价者的优点和改进意见上。

三、"互联网+"思维模式下大学英语教学评价之专门调查法

专门调查法也是形成性评价的一种手段，它比观察法更为直接。其主要是为了调查学生的学习行为、学习活动、学习兴趣等，是一种有效的收集数据的方法。但是，专门调查法一般具有针对性，其主要采取的评价工具有调查问卷和访谈或座谈。当学生根据网络环境课件进行学习之后，教师可以采用调查问卷的形式。调查问卷是向学生提出一系列的问题或情境，要求学生回答问题，从而获取信息的评价手段。访谈或座谈是教师通过与学生进行面对面交谈来获取信息的评价手段。

四、"互联网+"思维模式下大学英语教学评价之学习日志

学习日志和众所周知的学习日记不同，它指的是学生学习过程的档案记录，其主要是对学生学习行为的记录。学习日志可以根据教师的模板制定，也可以自己制定，但是其记录的过程都需要学生自己来完成。

第三节 "互联网+"思维模式下大学英语教学评价构建

大学英语教学中的评价体系能够发挥出以评促教、以评促学的作用，构建科学合理的教学评价体系能够更好地完成教学目标，促进学生的英语综合能力和素养发展。在当前"互联网+"背景下，大学英语教学方法和模式也发生了重大的变革，传统的大学英语评价体系已经难以适应当下的教学模式，这就要求教育工作者要立足"互联网+"来构建大学英语评价体系，促进教学评价的改革。"互联网+"背景下大学英语评价体系构建的路径具体如下。

一、利用信息化手段构建线上线下相结合的评价手段

"互联网+"时代背景下线上线下混合式教学已经成为必然趋势，教师要充分利用在线教学和面对面教学来为学生打造立体化的教学模式，教学评价也应该涵盖线上、线下两条教学路径。口试和笔试是两种最为常见的英语

评价手段，但是都属于结果性评价，难以真正评估学生的英语水平。不仅如此，传统的口试、笔试需要花费比较长的时间和大量的精力，使用的频次比较少，一般只在期末进行，在平时的教学中难以落实，无法通过口试和笔试的评价来达到促学的作用。

在"互联网+"背景下，教育者可以将信息技术应用到大学英语教学评价中。例如教师可以设计学生互评、自评的评价体系，通过在线平台分享给学生，学生在每次学习完之后都可以进行自评、互评，并及时提交。另外教师还可以引入批改网，批改网具有自动评价系统，能够对学生的学习过程进行自动、及时评价，并生成反馈意见。学生完成的任务、练习提交之后可以快速、自动被批改，并及时提出修改意见，让学生认识到自己的错误和不足，及时纠正和提升。一些在线教学平台还具有自动记录和追踪学生学习过程的功能，能够采集学生学习过程中的相关行为数据，并进行分析，例如对学生的任务完成、学习时间、互动讨论等环节的数据进行分析，形成评价，教师在授课环节就不需要分散注意力来观察学生的表现、反应，能够及时得到更加精准和科学的评价结果。

二、借助信息技术促进终结性评价和形成性评价融合

"终结性评价和形成性评价缺一不可，其中终结性评价是在学生的学习活动完成之后对学生学习的成果评价，能够检测学生的英语综合应用能力，具有高度概括性。形成性评价就是对学生的学习过程进行评价，能够了解学生的学习过程与学生对知识的掌握情况和程度，并以此为参考来对教学方案进行适当调整，寻求更加适合的教学策略和方法"[①]。

两种评价方式的效果和目的不同，两者并不是对立的，而是要有效融合，实现优势互补，运用两种评价方式来对学生进行更加公共和客观的评价，并发挥出评价促学、促教的作用。信息技术可以应用到终结性评价中，例如教师可以利用在线平台发布口试、笔试的题目，让学生在规定的时间内完成，然后由系统进行评价，生成评价反馈，让终结性评价也能够更加快速和便捷。形成性评价也可以借助信息技术来实现，尤其对于在线教学平台，系统可以获得学生的学习行为数据，并加以分析，进行评价。另外，教师还可以建立

---

① 鞠朝希."互联网+"背景下大学英语评价体系的构建[J].河北开放大学学报,2022(2):64.

电子档案袋，关注学生的学习过程，将学生学习过程中的一些表现、学习成果等都整合在电子档案袋中，加强形成性评价。

第四节 "互联网+"思维模式下大学英语教学评价实践

一、"互联网+"思维模式下大学英语教学的学生自评实践

学生自评是"互联网+"下的大学英语教学评价的重要手段。下面以英语写作为例对学生自评进行分析。学生自评是基于一定的教学评价标准的，因此，在评价之前教师和学生需要共同制定评价标准，从而让学生了解质量高的作品的条件，最终让学生对自己的作文有客观的评价。

根据制定的评价标准，学生对自己的作品进行评价，找出自己的优缺点，进而改变学习方法，调整学习目标。教师可根据学生的学习情况调整教学计划，改变教学方式。教师可将调整学习目标的自评表制作成网络课件，供学生参考使用。

二、"互联网+"思维模式下大学英语教学的学生互评实践

学生互评侧重于学生之间的反馈意见，同学的反馈意见对学生的学习有着重要的促进作用。通过这种形式，学生能加强完成作业的责任感，让学生有机会去评判其他同学，给其他同学提供帮助性的反馈意见，也会使学生体验到自豪感与成功感。以下就对学生反馈型互评的实践过程进行分析。

第一，目标设计。相较于教师评价，学生评价能够提供更多的意见和建议，更能提高学生的学习质量。学生互评活动的设计目标主要有两个：一是提高学生作业的质量；二是提高网络课程中学生的学习效果。

第二，任务设计。在学生互评活动中，教师需要扮演专家的角色给同学的作业提出意见。这类作业常是以成果或作品的形式提交到网络平台上，而且这种评价活动并不是一次性完成的，而是需要多次修改与完善，进而最终完善作业质量。

第三，标准设计。学生互评属于定性评价，没有严格的评价量规，需要

根据作业要求，可从作业的价值、内容的深度以及准确性等方面出发，灵活设计评价标准。

第四，角色设计。学生互评的核心要素是反馈意见，所以学生互评中的主体需要承担一定的责任。在互评前，学生要在规定时间内完成作业，并提交至网络平台。作为评价者，学生要认真负责地对待同学的作业，提供公正客观的反馈意见，既要指出作业中的优点，也要说明其不足之处，并提出具体意见。教师则扮演着不同的角色，既是评价中的监督者，也是评价中的指导者。

第五，过程设计。很多学者都提倡将学生互评和教师评价结合起来，二者互为补充。网络课程中学生互评的基本过程都会被记录下来，学生可方便查看评价结果，并与评阅人做进一步的交流，询问具体意见和建议，教师也可对整个过程进行指导和监控。

三、"互联网+"思维模式下大学英语教学的档案袋评价实践

档案袋评价是一种重要的形成性评价，提供了其他评价无法提供的有关学生和教师在教学和学习实践活动中的完整信息。针对参与评价主体的多元性，这里就针对教学质量管理机构、教师和学生三个方面来分析它们的评价指标和网络平台的设计。

就评价指标而言，教学质量管理部门主要针对教师和学生档案袋进行整体评价，评价指标具体包括：教师档案袋与学生档案袋建设的完整性；教师档案袋与学生档案袋的设计与描述程度；教学课程总体等级评价。

教师主要负责对学生学习情况的评价，具体包括：学生档案袋建设的准确性与完整性；对档案袋建设实践过程的评价；对实践结果的等级评价。学生主要是对教师教学效果以及整体教学条件进行评价，通过学生评价，教师可了解自己教学的优缺点，进而做出调整，提升教学质量，其具体评价指标包括：教学设备是否满足教学需要；设备的完好性；教学设计的合理性；启发和训练学生的独立操作能力；培养学生分析和解决问题的能力；对本次课程的意见与建议。

参考文献

[1] 曹雪. 互联网＋合作学习模式在大学英语教学中的应用研究[J]. 知音励志, 2016（10）: 32.

[2] 陈仕清. 英语教师专业发展新路径[M]. 南宁: 广西教育出版社, 2012.

[3] 陈思孜. 多元文化视域下高校英语教学理论与有效方法研究[J]. 科教导刊－电子版（上旬）, 2021（3）: 233.

[4] 崔校平, 王兰忠. 基于MOOC的大学英语网络教学系统探析[J]. 现代教育技术, 2015（4）: 59-64.

[5] 方燕芳. 英语思维与英语教学[M]. 成都: 电子科技大学出版社, 2017.

[6] 付琳芳, 郭晓燕. 当前英语教师专业发展的现状与对策研究[M]. 长春: 东北师范大学出版社, 2017.

[7] 郭坤, 田成泉. 大学英语生态教学环境的优化[J]. 教育理论与实践, 2016（24）: 56.

[8] 郭敏. 裂变、创新、契合点: "互联网＋"时代高校英语教师自主发展研究[J]. 前沿, 2019（5）: 125-128, 136.

[9] 何晓松. "互联网＋"视域下大学英语口语教学模式探究[J]. 继续教育研究, 2017（11）: 124-126.

[10] 黄旦华. "互联网＋"背景下大学英语翻译教学模式创新研究[J]. 教育理论与实践, 2017（15）: 53-54.

[11] 黄河. 基于"互联网＋"的大学英语写作教学模式创新研究[J]. 现代教育科学（高教研究）, 2018（8）: 101-105.

[12] 黄燕鹂. "互联网＋"背景下大学英语教学体系的反思与重建[M]. 成都: 电子科技大学出版社, 2018.

[13] 黄雨. "互联网＋"背景下的高职英语教师专业能力发展探讨[J]. 海外英语, 2020（1）: 96.

[14] 季舒鸿, 王正华. 高职英语教育理论研究与实践探索 [M]. 合肥: 安徽大学出版社, 2012.

[15] 金朋荪. 大学英语翻译理论与实践 [M]. 武汉: 华中科技大学出版社, 2009.

[16] 鞠朝希. "互联网+"背景下大学英语评价体系的构建 [J]. 河北开放大学学报, 2022（2）: 64.

[17] 李安娜. "互联网+"时代大学英语翻译教学模式建构 [J]. 黑龙江高教研究, 2016（4）: 168-170.

[18] 李翠平. "互联网+"背景下大学英语教材的数字化建设 [J]. 出版广角, 2017（16）: 76.

[19] 李红霞. 高校英语教学研究 [M]. 天津: 天津科学技术出版社, 2017.

[20] 刘梅, 彭慧, 仝丹, 等. 多元文化理念与英语教学研究 [M]. 延吉: 延边大学出版社, 2018.

[21] 刘曦. 基于多维视角的英语语言学理论探索与应用 [M]. 北京: 新华出版社, 2019.

[22] 吕宁. "互联网+"背景下大学英语翻转课堂教学模式探微 [J]. 金融理论与教学, 2019（5）: 110.

[23] 马丽. 高校英语教学目标中读听写的关系研究 [J]. 新教育时代电子杂志（教师版）, 2017（3）: 33.

[24] 阮桂君. 跨文化交际与实践 [M]. 武汉: 武汉大学出版社, 2017.

[25] 时贵仁. 浅谈高校英语教学三要素 [J]. 中国高教研究, 2003（11）: 96.

[26] 宋雨晨, 谭诣, 王丽华. 高校英语教学思维创新 [M]. 长春: 吉林人民出版社, 2020.

[27] 谭竹修. 多元文化教育视域下大学英语教学理论探索 [M]. 天津: 天津科学技术出版社, 2018.

[28] 王桂祥. 谈大学英语教师教学日志的撰写 [J]. 考试周刊, 2012（93）: 82.

[29] 王建红. "互联网+"模式下高职英语教师专业发展研究 [J]. 管理观察, 2019（22）: 154.

[30] 王丽丽, 杨帆. "互联网+"时代背景下大学英语教学改革与发展研究 [J]. 黑龙江高教研究, 2015（8）: 159-162.

[31] 王珊, 马玉红. 大学英语教学的跨文化教育及教学模式研究 [M]. 武汉: 武汉大学出版社, 2018.

[32] 王雁冰. 高校大学英语微课教学中存在的问题与对策研究 [J]. 高教学刊, 2018（24）: 132.

[33] 王怡云. 基于慕课视角下大学英语混合教学模式的构建路径探索 [J]. 校园英语, 2021（22）: 85.

[34] 王颖. 新建构主义视角下大学英语写作教学中的"互联网+"个性化设计研究 [J]. 外国语文, 2018（6）: 154-160.

[35] 魏丽珍, 张兴国. 高校英语教学的生态特性及教学定位探究 [J]. 环境工程, 2022（2）: 2.

[36] 徐玉苏, 陈明瑶. "后方法"时代大学英语教师专业发展的叙事探究 [M]. 杭州: 浙江工商大学出版社, 2017.

[37] 许丽云, 刘枫, 尚利明. 大学英语教学的跨文化交际视角研究与创新发展 [M]. 北京: 中国商务出版社, 2020.

[38] 杨雨桦. 试论"互联网+"背景下大学英语网络课程建设中的问题与对策 [J]. 福建茶叶, 2020（2）: 226.

[39] 叶玲, 章国英, 姚艳丹. "互联网+"时代大学英语翻转课堂的研究与实践 [J]. 外语电化教学, 2017（3）: 3-8, 21.

[40] 于辉. 当代大学英语教学改革多元化趋势研究 [M]. 长春: 吉林大学出版社, 2018.

[41] 余静娴. 大学英语通用翻译教程 [M]. 北京: 对外经济贸易大学出版社, 2014.

[42] 张爱玲. 高职英语教学的反思及未来趋势研究 [M]. 青岛: 中国海洋大学出版社, 2018.

[43] 张乐平. "互联网+"时代背景下大学英语教学改革与发展研究 [M]. 长春: 吉林大学出版社, 2019.

[44] 张啸. 大学英语有效教学研究 [M]. 成都: 西南财经大学出版社, 2012.

[45] 赵珊珊. "互联网+"背景下高校英语教师媒介素养发展途径探讨 [J]. 湖北开放职业学院学报, 2022（4）: 167.

[46] 赵艳. 跨文化交际与英语思维教学研究 [M]. 长春: 吉林大学出版社, 2017.

[47] 周晓娴. 多元化文化理念与当代英语教学策略研究 [M]. 天津：天津科学技术出版社，2017.

[48] 朱金燕. 大学英语教学改革探索 [M]. 武汉：中国地质大学出版社，2018.